청소년과 함께 하는 회복적 정의

정의롭고 공평한 학교를 위한 세대 간 파트너십

에블린 아키노 · 헤더 맨체스터 · 아니타 와드하 지음

김은경 안은경 이선영 옮김

정의와 평화 실천 시리즈

청소년과 함께 하는 회복적 정의
-정의롭고 공평한 학교를 위한 세대 간 파트너십

지은이	에블린 아키노, 헤더 맨체스터, 아니타 와드하
옮긴이	김은경 안은경 이선영
초판	2024년 2월 14일
펴낸이	배용하
책임편집	배용하
등록	제364-2008-000013호
펴낸곳	도서출판 대장간
	www.daejanggan.org
등록한곳	충남 논산시 매죽헌로 1176번길 8-54, 101호
대표전화	전화 041-742-1424 전송 0303-0959-1424
분류	회복적정의 l 청소년 l 세대간협력 l 교육
ISBN	978-89-7071-652-7 13330

이 책은 저작권법에 의해 보호를 받는 출판물입니다.
기록된 형태의 허락 없이는 무단 전재와 복제를 금합니다.

 값 11,000원

정의롭고 공평한 학교

차 / 레

들어가며 · 15

　학교 내 불공정성 · 16

　청소년 참여 요청 · 18

　개요 · 20

　용어와 스타일 · 23

1장 • 학생 참여의 장 · 27

　청소년 참여 분야 · 28

　교내 학생 참여 사다리 모델 · 31

　사다리 이론의 한계 · 37

2장 • 핵심 가치:세대 간 파트너십과 해방 교육 · 41

　핵심 가치 1: 청소년과 세대 간 파트너십 · 42

　핵심가치 2: 구조적 정의로 전환하는 해방 교육 · 47

3장 • 해방 의식 기르기 · 51

4장 • 청소년과 함께 하는 작업을 위한 토대 만들기:반-꼰대주의 · 61

　대인 관계적 수준과 제도적 수준에서의 꼰대주의 · 63

　꼰대주의에 맞서기 위해 순환틀 활용하기 · 65

　꼰대주의의 복잡성: 언제 성인이 좀 더 힘을 가지는 것이 좋을까? · 69

5장 • 회복적 정의에 대한 청소년 참여의 유형학 · 71

6장 • "교육, 자유!": 회복적 정의 교사로 학생 세우기 · 73

　학교 · 75

　리더십 수업 · 77

　회복적 정의 리더십 과정 · 78

　트레이너로서의 청소년과 교사로서의 청소년 · 78

　청소년 교사 양성 과정 개발: 사회적 실험 · 81

　교육, 그리고 자유 · 87

7장 • 팔란테를 지켜라!:홀리오크에서의 집단해방 · 91

　홀리오크의 역사와 팔란테 · 93

　팔란테가 지키는 가치 · 95

　팔란테의 회복적 정의에서 청소년 참여 영역 · 97

　또래 리더 개발 · 97

　청소년 참여 실행 연구 · 98

　청소년 참여 실행 연구의 예 · 99

　리더십 파이프라인 및 동문 전문가 프로그램 · 102

　커뮤니티 자문 위원회 · 103

　결론 · 105

8장 • '우리' 없이는 '우리에 관한 것'도 없다: 청소년, 정의, 단합 · 107

우리보다 앞서 온 운동에 뿌리 내리기 · 109

직원으로서의 청소년: 인턴 및 전문가 · 110

의사 결정 기관의 회복적 정의 청소년 리더 · 114

회복적 정의를 위한 청소년 조직화 · 121

서클과 주먹을 쥐고 · 128

9장 • 청소년과 함께 하는 회복적 정의 운동: 리더십 전환 모델 · 131

서클 진행 · 134

주체성 · 135

자기 돌봄과 공동체 돌봄 · 137

책임 · 138

진정성 있는 공동체 세우기 · 140

별무리가 되어 · 141

회복적 정의 리더십 핵심 요소 · 144

10장 • 나선형 : 회복적 정의 청소년 참여를 위한 새로운 틀 · 145
청소년 참여 나선형 · 146
나선형의 작동 · 146
학생과 교사가 공평한 단계에서 해방의 단계까지 · 152

11장 • 해방을 위한 세대 상호 간 파트너십 : 행동에 대한 요청 · 153
해방의 꿈 · 158

감사 인사 · 161

추천도서 · 166

옮긴이 글 · 169

청소년과 함께 아는 세대 간 파트너십

들어가며

교육에 중립 지대는 없다. 교육은 순응 아니면 자유를 불러일으키는 도구로 기능한다.[1]   – 파울로 프레이리

학교는 정의롭고 공정해야 한다. 이 책은 청소년, 가족, 공동체와 협력하여 공정하고 공평한 학교를 세우려고 노력하는 회복적 정의 실천가를 위한 행동 지침서이다.

회복적 정의에 중립 지대는 없다. 중립적인 교육이 존재할 수 없는 것과 같은 이치이다. 회복적 정의는 우리 조상과 아메리카 선주민의 지혜에 근거한 존재의 방식으로 학교와 사회에 변혁, 성장을 가져온다. 회복적 정의는 치유와 정의를 철학으로 변혁과 성장을 위한 공동체를 세우기 때문이다. 만약 회복적 정의가 개인 간 갈등 치유에만 전념한다면 교육 시스템의 고질적 폐해는 고스란히 남게 된다. 이 책에서는 회복적 정의의 범위를 개인을 넘어 '교육 시스템 전체'로 확장하여 볼 것이다.

교육에서 회복적 정의의 목표는 "정의롭고 공평한 배움의 공간을

---

1) 프레이리 파울로. *Pedagogy of the Oppressed.* New York : Continuum, 2000 (『페다고지』, 남경태 옮김, 그린비 역간, 2018)

창조하여 건강한 관계를 가꾸고 피해를 회복하며 갈등을 전환하는 것"이다.[2]

정의롭고 공평한 배움 공간의 창조는 학교 공동체 구성원 전체, 특히 청소년이 주체가 되는 세대 간 파트너십을 바탕으로 할 때 가능하다. 실제 미국 전역에서 청소년이 회복적 정의를 통해 학교 교육의 공정성을 회복하고 징벌적 훈육 문화를 변혁하며 교육과정에 민족 연구학을 도입하도록 요구하고 있다.

이 책에서는 이러한 '학생 중심 회복적 정의 활동'의 이론과 실천을 집중적으로 다룰 것이다.

학교 내 불공정성

회복적 정의는 학교에서 발생한 개인 간 피해는 다루지만 제도적, 구조적 불공정이 주는 좀 더 큰 피해를 다루는 데는 종종 실패한다. 학교 조직의 불의는 학교 방침을 결정하는 상위 구조에서 일어나며, 이는 유색인종 학생, 장애 학생, 성 소수자 학생에게 피해를 준다.

예를 들어, 인생의 길목마다 '합격', '불합격'을 결정지어 개인에게 큰 위험 부담을 전가하는 고부담 시험은 유색인종 학생의 학업 기

---

2) Evans, K., Vaandering, D. (2016). *The Little Book of Restorative Justice in Education : Fostering Responsibility, Healing, and Hope in Schools*. New York : Good Books.(『회복적 교육』, 안은경 옮김, 대장간 역간, 2020)

회 격차를 좁히기는커녕 오히려 이를 넓히고 강화한다. 그 사이에서 고부담 시험으로 이익을 내는 회사들의 수입은 수조 원에 이르고 있다. 학업 성취도가 낮은 학교가 문을 닫는다고 문제가 해결되지는 않는다. 그것은 단지 학생들을 다른 학교로 몰아넣을 뿐, 사회경제적 불공정의 근본 원인을 해결하지는 못한다.

한편, 전국의 입법자들은 민족 연구학을 학교 교육과정으로 다루는 것을 금지해 왔다. 민족 연구학은 주변부로 밀려난 사람들의 문화적, 역사적 내러티브를 존중하고 사회 변화를 촉진하기 위해 불평등을 비판적으로 분석하는 학제 간 학문이다. 구조적 인종 차별은 유색인종에 대한 불평등을 강화하는 사회적 위력을 포함한다. 레드라이닝3), 마리화나를 피우는 빈곤층은 감옥에 가지만 이를 판매하는 기업은 돈을 버는 것, 이익에 따라 의료 혜택을 받는 시스템이 그 예다.

학교 현장에서 회복적 정의를 실천할 때도 이런 불공정성이 투영된다. 치유 서클에서 성인이 참여 청소년을 훈계하며 위계적 힘을 사용한다. 청소년의 역할은 서클에 참여하거나 훈육 사건이 발생했을 때 서클을 진행하는 청소년 서클진행자가 전부이기 쉽다. 청소년이 공동체를 조직하거나, 서클 진행자를 양성하거나, 학교 방침

---

3) 역주: redlining, 1930년대 미국에서 주로 흑인이 사는 빈곤층 거주 지역에만 대출이나 보험과 같은 금융서비스를 제한하였던 차별적 관행

을 결정하지는 못한다. 이처럼 회복적 정의를 '회복적 훈육'으로만 적용한다면, 회복적 정의는 성인 주도와 청소년 순응이라는 현상을 유지하는 도구가 될 뿐이다.

청소년 참여 요청

우리는 회복적 실천가들이 회복적 정의를 단순히 청소년에게 훈육의 방법으로 행하는 도구가 아니라, 청소년과 함께 정의롭고 공평한 학교 공간을 창조하는 방법을 탐색할 수 있는 패러다임으로 바라볼 수 있기를 바란다. 때로 성인 회복적 정의 실천가들은 평화를 만드는 기술과 청소년과 교감하는 능력으로 찬사를 받기도 한다. 하지만 실천가가 그 조직을 떠나면 회복적 실천이 위기를 맞는다. 물론 헌신적인 성인 리더십이 회복적 정의 운동에 필요하다. 그러나 청소년이 힘을 갖고 진정한 주인의식을 가질 때 가장 영향력이 있다. 청소년은 학교 문화 변혁 성공의 핵심이며, 청소년과의 파트너십은 공동체의 성장과 리더십을 계발할 수 있는 기회이다.

이 책을 쓴 우리 세 사람은 청소년이 회복적 정의를 통하여 관계적, 정서적, 학업적 리더십을 계발하고, 개인과 시스템을 치유하는 데 기여하는 많은 현장을 경험했다.

저자인 와드화Wadhwa는 14년 차 공립학교 교사이다. 회복적 정의 활동을 하며 자기 자신을 치유하고, 푼자비Punjabi 출신 이민자의 딸로서 공립학교 시스템 내 억압을 드러내는 일을 하고 있다. 또 다른 저자 맨체스터Manchester는 평생학습자이자 경험 중심 교육자로, 어려서부터 저항 운동가로 살았다. 정규 교육과정에서 배우지 못한 기쁨과 불의를 담은 이야기에 영향을 받으며 자랐고, 현재는 청소년과 파트너십을 이루어 전통적으로 청소년을 배제해 온 공간을 되찾는 활동을 하고 있다. 저자 아키노Aquino는 평생교육자이자 문화활동가다. 꾸준히 청소년과 함께 일하며 우리 자신, 학교, 공동체, 사회에서 공동체적 해방을 향한 지속 가능한 변화를 만들고 있다.

우리 세 명에게 회복적 정의는 단순한 프로그램이 아니다. 우리 조상과 우리의 선생님인 선주민의 활동에 뿌리를 두고 다음 세대에 영향을 줄 운동이다. 센터피스와 토킹 피스를 사용하는 전통을 포함하여 우리가 학교에서 실천하는 서클에 대한 구체적인 이해를 가르쳐 준 틀링깃4), 타기쉬5), 퍼스트 네이션캐나다 선주민의 어른들에게 경의를 표한다. 회복적 정의가 "선주민"에서 유래했다는 포괄적인 표현 대신, 우리를 가르친 선주민 부족의 이름을 의식적으로 명시하여 그들의 지혜에 감사를 표현하였다.

우리는 또한 청소년들이 조상의 지혜를 나누며 서클을 다채롭게 변주하는 것을 보았다. 회복적 정의는 변화를 위한 것이다. 각 서클

---

4) 역주: 북아메리카 북서부 해안가 쪽 선주민 부족
5) 역주: 캐나다 유콘 지역 선주민 부족

은 공동체를 강화하고, 공정을 촉구하는 목소리를 내며, 배제하는 훈육 방침에 대해 실행 가능한 대안을 제시하여 학교 전체 시스템을 전환할 기회다.

보다 공정한 학교를 만들고자 청소년 및 성인과 수년간 협력한 경험을 토대로, 우리는 특정 지리적 맥락을 들여다보고, 페다고지 간 연관성을 도출하며, 청소년의 회복적 정의 운동 참여에 대한 집단적 이론과 실천을 구축할 기회를 찾았다. 또한 지역을 넘어 토킹 피스를 돌려가며 서클의 가치에 의지해 공동으로 책을 쓴다는 것이 진정 어떤 의미인지 탐험했다. 청소년들을 인터뷰하고 그들에게 지속적으로 자문을 구하여 책에 대한 피드백 및 집필에 도움을 받았다. 인터뷰한 청소년의 이름도 함께 실었다.

이 책을 통해 회복적 정의 영역에 필요한 대화가 풍성해지고, 일선에 있는 청소년과 성인의 목소리를 더 들을 수 있기를 바란다. 우리는 독자들을 패러다임 전환이라는 측면에서 자신의 접근 방식과 청소년과 교류하고 힘을 공유하는 방식을 성찰하는 시간으로 초대하고자 한다.

개요

1장에서는 청소년 참여 분야를 먼저 소개한다. 이후 아담 플레처 Adam Fletcher의 '학생 참여 사다리 이론'을 바탕으로 청소년 참여 단계를 다룬다. 학생 참여 사다리 이론은 청소년 참여 단계를 형식적인 청소년 참여부터 청소년과 교사가 공정하게 참여하는 단계까지 보여준다. 책 전반에 걸쳐 이 이론을 바탕으로 학생과 함께 교육 기관을 회복하는 여러 방법을 기술할 것이다.

2장에서는 청소년 참여 회복적 정의 운동의 핵심 가치인 세대 간 파트너십과 해방 교육을 소개한다. 세대 간 파트너십은 세대 간 교류를 의미하며 단지 성인과 청소년 간의 교류뿐 아니라, 고등학생과 중학생, 졸업생과 재학생과의 교류도 일컫는다. 해방 교육은 해방에 뿌리를 둔 교육이며 인종, 종교, 성적 지향이나 여느 다른 정체성 때문에 기회를 잃는 관행으로부터의 자유를 말한다. 정의로운 학교를 실현하려면, 교육자와 청소년이 모든 사람의 인간성을 존중할 수 있어야 한다. 이는 교육활동의 필수 요소이다.

3장에서는 바바라 러브Barbara Love의 '해방 의식 기르기 순환 틀'의 네 가지 단계인 알아차리기, 분석하기, 행동하기, 책임지기를 소개한다. 회복적 실천가는 러브의 성찰적 순환 틀을 참고하여 현재의 실천 과정과 사회적 조건, 정체성, 사고방식을 주의 면밀하게 살펴보며 자기 자신과 학교를 변혁할 수 있을 것이다.

4장에서는 힘을 남용하고 청소년 의견과 주체성을 존중하지 않는 꼰대주의를 비판하는 내부 작업을 소개한다. 대인관계와 기관 수준에서 드러나는 꼰대주의의 예를 살펴보며 사회의 모든 영역에

만연한 힘의 불균형을 이해한다. 성찰 질문과 함께 청소년과 공동체 구성원이 리더가 되어 참여하는 회복적 정의와 서클 모델을 개발하는 전략을 소개한다.

5~8장에서는 청소년 참여 회복적 정의 운동의 유형을 소개한다. 청소년은 회복적 정의 운동에서 단체 조직가, 교육과정 저자, 교사, 훈련가 등 다양한 역할을 담당한다. 각 도시 사례 연구를 통해 이러한 역할을 살펴볼 것이다. 휴스턴에서는 고등학생들이 회복적 정의 리더십 과정을 가르친다. 매사추세츠 서부에서는 학생들이 세대 통합 지역 사회 자문 위원의 지지를 받아 참여 실행 연구를 통해 학교 문화를 바꾼다. 오클랜드에서는 청소년들이 회복적 정의 실천가, 서클 진행자, 정책 입안자, 단체 조직가로 활동하였고 그 이야기를 이 책에 실었다.

9장에서는 세 지역을 넘어 미국 전역에서 청소년들이 회복적 정의를 통해 무엇을 배웠는지 인터뷰한 내용을 바탕으로 회복적 리더십의 핵심 요소를 정리한다. 핵심 요소는 '경청, 서클 진행, 주체성, 자기 돌봄과 공동체 돌봄, 책임 의지, 진정성 있는 공동체 세우기'이다.

10장에서는 새로운 틀인 '나선형 청소년 참여' 모델을 제안한다. 이 모델은 플레처의 사다리 이론과 러브의 순환 틀 요소를 통합한 것이다. 교사와 학생이 온전한 파트너십으로 공평한 관계가 되기 위해

서는 구조적 불의를 이해해야 한다. 이 모델을 사용해 구조적 불의를 이해하고자 한다. 또한, 교사와 학생이 학교를 좀 더 정의롭고 공평한 공간으로 변화시키기 위한 최종 목적으로 해방을 제안한다.

11장에서는 성인과 청소년 회복적 정의 실천가가 학교에서 불의를 해소하고 회복적 정의의 꿈을 이뤄가기 위해 행동할 것을 촉구한다.

책 곳곳에 정의롭고 공평한 학교라는 비전을 세우기 위해 세대를 초월하여 함께 실천할 수 있는 성찰 활동을 담았다.

용어와 스타일

이 책에서 회복적 정의 철학과 태도를 드러내는 용어말는 다음과 같다.

- '회복적 실천' 대신 '회복적 정의'라는 용어를 사용한다. 회복적 실천이라는 용어는 활동의 최종 목적인 정의와 공평의 의미를 드러내는 데 한계가 있기 때문이다.
- '인종'은 사회적으로 구성된 개념이며 필요 이상으로 범주화하는 것도 사회적 산물이다. 이에 대한 비판적 시각을 담아 이 책에서는 아래와 같이 표현하고자 한다.

인종을 나타낼 때 백인선조가 유럽에서 왔거나 그렇게 여기는 사람이라는 단어는 소문자로 시작해 'white'로 표현하고, 흑인선조가 아프리카에서 왔거나 그렇게 여기는 사람은 대문자로 시작해 'Black'이라고 표현했다. 이는 백인과 흑인의 현실 세계에서 나타나는 사회적 권력의 차이를 거꾸로 뒤집기 위한 것이다.

'유색인종people of color'이라는 용어는 백인이 아닌 사람을 의미한다. 우리와 함께 일하는 청소년 대부분은 자기 정체성을 바이팍BIPOC; 흑인, 선주민, 유색인종을 일컫는 용어으로 여기지 않는다. 라티노 혹은 라티나Latino/a, 6) 아니면 라티넥스Latinx,7)로 자신을 인식한다. 그래서 이 책에서는 그들이 자기 정체성으로 표현하는 용어인 과테말라인, 도미니카인, 푸에토리카인 등을 사용했다.

- '선주민Indegenous'이라는 단어의 첫 글자를 대문자로 표현할 때는 사람을 가리킨다. 우리가 서 있는 이 땅에 원래 거주했던 사람들의 영예를 기리기 위해서다. 우리가 누구인지에 대해 지속적으로 영향을 주고 우리가 앞으로도 계속해서 배워 나갈 선주민의 전통indigenous을 말할 때는 단어의 첫 글자를 소문자로 표현했다.

---

6) 역주: 라틴 아메리카 혈통의 미국인으로 라티노는 남성, 라티나는 여성을 가리킴
7) 역주: 라티노, 라티나의 성 중립적 용어

- '서클Circles'은 첫 글자를 대문자로 표현했다. 이는 서클 프로세스가 선주민 전통에 뿌리를 두고 있음을 인정하고, 다른 사람과 함께 공동체 안에 소속되어 있다는 성스러움에 예를 갖추기 위해서다.
- 이 책을 쓰는 데 기여한 분들의 존엄성과 인간다움을 존중하고 감사를 작게나마 표현하는 의미로 그들이 선호하는 성 대명사그/그녀를 이름 옆에 적었다. 다만 한국 독자들에게는 성대명사 번역으로 그 의미를 충분히 전달하기 어려우므로 생략하였다.

1장

학생 참여의 장

아이들은 항상 지역과 사회 변화의 선봉에 있었고, 오늘
날의 아이들도 다르지 않다.[8]   – 션 긴라잇과 타지 제임스

회복적 정의 활동에 청소년이 참여할 때 우리는 청소년 개인의 변
화와 사회변혁을 도모할 수 있다. 청소년을 회복력 있는 사회적 주
체의 자리에 서게 하며, 그들이 속한 공동체에서 리더와 평화 활동
가로 참여하게 하기 때문이다.

성인은 종종 청소년이 목소리를 낼 기회를 주지 않는다. 청소년은
주체적인 목소리를 갖고 있으며, 이를 성인이 이해하지 못하는 방식
으로 표현하기도 한다. 그러나 성인의 편의 때문에 청소년의 주체적
참여가 저울질 되어서는 안 된다.

회복적 정의 활동에서 청소년 참여는 서클 진행자 역할에만 국한
되지 않는다. 청소년을 참여시키는 일은 시간이 걸리고, 깊은 성찰
을 요구하며, 지속적인 관계 구축과 파트너십을 맺기 위한 적절한

---

8) Ginwright, Shawn, and Taj James. "From Assets to Agents of Change: Social Justice,
Organizing, and Youth Development." New Directions for Youth Development, 2002.
https://doi.org/10.1002/yd.25.

전략이 필요하다. 이 장에서는 청소년 참여 분야에 대한 간략한 개요를 설명하고, 이를 토대로 '회복적 정의에서 청소년 참여란 무엇인가?'를 정의할 것이다. 또한, 회복적 실천가가 형식주의를 초월해 청소년과 함께 의미있는 회복적 정의를 실천하는 데 도움을 줄 수 있는 아담 플레처의 학생 참여 사다리 이론을 소개하며 마무리할 것이다.

청소년 참여 분야

청소년 참여Youth participation는 청소년 활동, 청소년 역량 강화youth development, 청소년 의견 반영youth voice, 청소년 단체 조직youth organizing, 청소년 성인 파트너십youth adult partnerships, 청소년 참여youth engagement와 같은 하위 분야를 포함하는 국제적이고 학제적인 영역이다.

청소년은 적극적인 참여 활동을 통해 중요한 삶의 기술을 배우고, 인권과 시민권에 대한 지식을 습득하고, 긍정적인 시민 행동을 개발하며 지역 사회 발전에 의미 있는 기여를 하는 주체로 성장한다.[9]

---

9) "YOUTH Participation 2013−11−12 − Un." Accessed June 30, 2021. https://www.un.org/esa/socdev/documents/youth/fact−sheets/youth−participation.pdf.

유엔아동권리협약UNCRC 제12조는 청소년 참여 활동 권리를 명시하고 있으며, 청소년이 속한 기관과 청소년의 삶에 영향을 미치는 결정에 대한 참여를 보장한다. 청소년 참여 활동[10]에는 교육 개혁, 청소년 사법, 기후 변화와 같은 문제에 대한 '사회적 및 정치적 행동'을 조직하는 내용을 포함한다. 회복적 정의 운동에서는 청소년 참여 활동 하위 영역 중 청소년·성인 파트너십, 청소년 조직, 청소년 참여 활동이 활발하다.

효과적인 청소년 참여는 모든 의사 결정 과정에서 청소년과 성인의 의견을 종합적으로 고려하는 의미 있는 청소년-성인 파트너십과 공동체 강화 및 사회 정의 문제 해결이라는 목표가 있을 때 가능하다.[11]

교육에서의 학생 단체 조직은 집단적 힘을 구축하고, 안전, 치안 유지, 학교 폐쇄, 재정, 회복적 정의, 규율 정책과 같은 학교 기반 문제에 대한 방침을 변화시키기 위한 참여 전략으로 등장했다.[12]

---

10) Checkoway, B., and L. Guti rrez. "Youth Participation and Community Change." *Journal of Community Practice*, 2006.

11) Zeldin, Shepherd, Brian Christens, and Jane Powers. "The Psychology and Practice of Youth- Adult Partnership: Bridging Generations for Youth Development and Community Change." *American Journal of Community Psychology*, 2012. https://doi.org/https://doi.org/10.1007/s10464-012-9558-y.

12) Funders' collaborative on youth organizing. (2017). Transforming Young People and Communities: New Findings on the Impacts of Youth Organizing. https://fcyo.org/resources/transforming-young-people-and-communities-new-findings-on-the-impacts-of-youth-organizing

청소년 성인 파트너십과 청소년 단체 조직은 모두 청소년 참여의 하위 영역이며, 우리가 학교에서 학생과 함께 회복적 정의를 구현할 때 학생과 상호작용하는 체제가 가장 명확하게 드러나는 부분이다. 청소년 참여란 "청소년이 지속적이고 의미 있게 자신과 지역 사회 구성원의 삶에 영향을 미치는 일을 공동으로 결정하며, 이를 위한 프로그램을 기획하고 진행하고 참여하는 것"을 의미한다.[13]

청소년 참여는 힘을 공유하고 모든 기여를 소중하게 여기는 파트너십을 바탕으로 이루어진다. 학생은 학교와 지역 사회 공간에서 회복적 정의를 구현하는 데 있어 장기적인 파트너이자 의사 결정자이다.

회복적 정의에서 청소년 참여는 형식적일 수 있다. 예를 들어 성인 혼자 기획한 서클 진행에 학생이 공동 진행자로만 참여하는 것이다. 그러나 우리는 '회복적 정의의 청소년 참여'를 구조적 불의structural injustice에 가장 영향을 많이 받은 청소년이 공동체 세우기, 치유하기, 자아와 제도 변혁하기와 같은 회복적 정의의 모든 측면에서 변혁자 및 실천가로서 의미 있게 참여하는 것으로 정의한다. 여기서 의미 있는 참여란 형식적인 참여에 머물지 않고, 학교 구조와 방침에 실제적인 변화를 일으키는 참여를 말한다.

---

13) Smith, Annie, Carly Hoogeveen, and Sarah Cotman. Rep. A Seat at the Table: A Review of Youth Engagement in Vancouver, 2009. http://mcs.bc.ca/pdf/A_Seat_at_the_Table2.pdf.

우리는 청소년을 유치원생부터 고등학교 3학년 나이의 학생으로 정의한다. 우리와 함께 회복적 정의 활동에 참여하는 청소년 중 많은 수가 학교 밖 청소년이다. 이 중 장애, 미등록 이민가정, 성 소수자, 흑인, 선주민, 비백인 등의 정체성을 가진 청소년은 학교의 구조적 불의, 즉 기회를 제한하는 이념, 제도, 정책 및 관행에 많은 영향을 받고 있다.

교내 학생 참여 사다리 모델

아담 플레처의 교내 학생 참여 사다리 모델[14]은 이하 사다리 모델이라고 일컬음 회복적 정의 운동에 학생이 변화의 주체로 참여할 수 있는 가능성을 보여준다. 8개의 사다리 단은 청소년 참여 단계를 참여 engaging, 참가involving, 참석disengaging 세 단계로 나눈다. 참여는 학생과with 파트너십을 이루어 활동하는 단계이고, 참가involving는 청소년을 위해for 활동하는 단계이며, 참석disengaging은 청소년에게to 하는 활동이다.

사다리 모델이 학교 전체 시스템에 적용되는 모델은 아니다. 그러나 교내 학생 참여라는 특정 교육 활동을 살피고 강화하며 성찰할 수 있는 중요한 도구가 될 수 있다. 사다리 모델 아래부터 위로, 각

---

14) Fletcher, Adam. *The Guide to Student Voice: for Students, Teachers, Administrators, Advocates, and Others.* Olympia, WA.: CommonAction Consulting, 2013.

단계에서 회복적 정의 활동의 학생 참여가 어떻게 이루어지는지 살펴볼 것이다.

아래 제시하는 예는 성인의 의도에 초점이 맞춰져 있으며 어떤 것은 한 단계가 아니라 여러 단계의 예에 해당할 수 있다.

조작 단계Manipulation

학생 참여의 가장 낮은 수준으로 학생이 참석을 강요받는 경우이다. 학생은 성인에게 인정을 받거나 추가 학점이나 돈을 받는 등의 외적 동기 때문에 참석한다.

> 예: 학생들이 수업 학점을 받기 위해 서클에 참석해야 하거나 추가 점수를 받기 위해 서클에서 이야기를 하는 경우이다. 이는 종종 학생이 아닌 교사에게 이익을 준다.

교내 학생 참여 사다리 모델

8. 학생과 교사가 공평한 단계
7. 학생이 주도하는 단계
6. 학생과 교사가 평등한 단계
5. 학생이 컨설팅을 받는 단계
4. 학생이 정보를 제공받는 단계
3. 형식적인 단계
2. 장식 단계
1. 조작 단계

※ 로저 하트Roger Hart의 모델1994을 활용해 아담 플레처가 발전시킴2011

장식 단계_{decoration}

두 번째 단계는 학생을 장식으로 생각하는 것이다. 학생이 참석하지만, 의미 있는 활동은 없다. 안내 책자 표지에는 학생이 있으나 의사 결정 자리에는 없는 경우이거나, 교사가 기획한 행사에 어떤 훈련이나 준비 없이 참석하는 경우이다. 모두 보여주기 위한 것이다.

> 예: 교사가 학생을 모임에 불러 사진 촬영을 한다. 학생을 회의에 정기적으로 참석시키고 학생의 목소리를 지지하는 것처럼 보이는 모습을 사진에 담고자 한다.

형식적인 단계_{Tokenism}

이 단계는 학생이 참석은 하지만 실제 토의는 성인 중심으로 이루어진다. 혹 학생이 토의에 참여하는 것처럼 보여도 학생에게 기대하는 것은 성인처럼 행동하는 것이다. 이는 보여주기식 청소년 참여의 한 유형이며, 청소년이 활동 전반에 전혀 영향을 끼치지 않는다. 또 학생 한 명이 자신의 개인적 경험을 바탕으로 모든 학생을 대표해야만 하는 상황이다. 이는 학생 공동의 목소리를 대표하도록 권한을 받는 것과는 대조적이다.

> 예: 학생 진행자가 교사 진행자와 공동 진행을 할 때 기획 단계부터 참여하지 않고 이미 정해진 기획안과 역할을 교사 진행자로부터 받는다. 학생 진행자가 하는 역할은 체크인(check-in) 활동과 게임 정도이다. 교사 진행자는 학생 진행자에게 감사를 전할 뿐 서클 진행 후 성찰 활동을 함께 하지는 않는다.

학생이 정보를 제공받는 단계Youth Informed

이 단계에서는 학생이 학생 의견을 전달한다. 그러나 교사가 학생 의견을 얼마나 반영할지 결정하고 활동 결과에 전적 책임을 진다. 학생은 이러한 의사 결정 구조를 미리 알지 못한다.

> 예: 교육감이 사전 예고 없이 학생들을 회의에 초대한다. 회의에서 관리자는 회복적 정의에 기반한 경청 캠페인을 할 것이라고 학생들에게 말하고 학생들의 의견을 수렴하지만 후에 학생들의 피드백이 어떻게 통합됐고 반영됐는지 알려주지 않는다.

학생이 컨설팅을 받는 단계Youth Consulted

교사가 의미 있는 방식으로 학생들에게 생각과 아이디어를 적극적으로 묻지만, 최종 의사 결정은 교사가 한다. 학생들은 활동의 개인적인 부분에 책임을 지며 성인의 의견과 행동을 크게 바꿀 수 있다. 하지만 교사가 허락하는 권한만 행사할 수 있다. 학생들은 사전에 이러한 의사 결정 구조 방식을 숙지하고 있다.

> 예: 학생이 학교 이사회에서 회복적 정의 예산 우선권에 대한 의견을 말한다. 이 발표가 이사회에 영향을 미칠 수 있지만, 최종 의사 결정은 학생의 투표 없이 진행된다.

학생이 컨설팅을 받는 단계와 학생이 정보를 받는 단계는 교내 학생 참여의 전형적인 모습이다. 학생들에게 의견을 물어보고 확인하지만 최종 의사 결정 권한은 여전히 교사에게 있다.

학생과 교사가 평등한 단계Youth/Adult Equality

학생과 교사의 의사 결정 권한과 역할이 50대 50이다. 모든 일이 교사와 학생 모두에게 동등하게 제시되고, 의사 결정 권한도 공동으로 갖는다. 청소년과 성인 모두의 고유한 기술 및 능력을 개의치 않고 모두가 동등하게 기여하는 것을 중시하므로 이상적으로 보일 수 있다.

> 예: 공동체가 잘 세워지지 않아 수업 진행이 어려운 국어 시간에 회복적 정의 성인 진행자와 청소년 진행자가 함께 서클을 진행하기로 한다. 진행자들은 국어 교사와 학급 학생 몇몇과 함께 수업의 필요를 채우기 위한 좋은 제안이 있는지 이야기를 나눈다. 성인과 청소년이 함께 서클을 기획하고 진행한 뒤 함께 성찰한다.

학생이 주도하는 단계Youth-Led, Youth-Driven

이 단계에서는 학생이 모든 활동을 기획, 실행, 평가하며 결과를 책임진다. 교사에게 권한은 없지만, 자문과 배후에서 역할을 하며 학생을 지원한다.

> 예: 학생들이 교내에서 경찰의 만행에 주의를 촉구하고자 연좌 농성을 하고, 서클을 조직하기로 결정한다. 계획을 세우면서 회복적 정의 담당 교사에게 지원을 요청한다. 담당교사는 학생들이 목표를 이룰 수 있도록 준비 사항 및 전략을 살필 수 있는 질문을 하며 간접적으로 지원한다.

학생과 교사가 공평한 단계 Youth/Adult Equity

학생과 교사가 힘을 공유하며 함께 주도적으로 일을 시작한다. 서로 해야 할 일을 알고 있고 결과도 함께 책임진다. 필요에 따라 다양한 방식으로 힘과 일을 나눈다. 학생은 교사가 알지 못하는 정보와 공간에 대해 알고 있으며, 교사 또한 학생들이 알지 못하는 정보와 공간을 알고 있다. 이 단계에서 양측 모두 서로의 지식과 경험을 존중하며 서로의 성장과 배움을 지지한다.

예: 회복적 정의 팀 학생 리더와 회복적 정의 팀 담당 교사가 함께 학교 회복적 정의 팀을 꾸린다. 학급 대화 시간에 팀의 동의로 각자의 역할을 정한다. 공평한 관계에서 청소년과 성인의 협력이 어떻게 이루어지는지 다음의 모습에서 볼 수 있다.

- 회복적 정의 팀 학생 리더가 서클에 참여해 회복적 정의와 서클 진행 교육을 받는다. 이를 토대로 청소년이 서클 진행을 기획하고 회복적 정의 담당 교사가 피드백을 준다.
- 회복적 정의 팀이 교직원과 교장에게 학급 시간에 서클 활동을 하는 것을 제안하는 편지를 작성한다.
- 회복적 정의 팀은 교장을 만나 행정적 지원과 실천을 요청하고, 교직원에게 연락한다.
- 회복적 정의 팀 학생 리더가 학급 대화 시간에 서클을 진행할 수 있는지 학급 교사와 논의하고, 회복적 정의 담당 교사는 일정과 소통을 담당한다.

- 회복적 정의 팀은 학급 대화 시간에 서클을 진행할 수 있도록 행정적으로 지원하며, 서클에 필요한 준비물을 준비한다.
- 회복적 정의 팀은 서클 진행 과정을 점검하고 성찰한다.
- 회복적 정의 팀은 서클을 경험한 학급 담임 교사와 회복적 정의 학생 리더에게 서클 진행에 대한 피드백을 받는다.
- 회복적 정의 팀은 교장 및 행정 지원팀에게 서클 진행을 통해 배운 것과 성공 사례를 나눈다.

교사 중심 교육 시스템에서 학생이 다양한 교내 활동에 참여하는 것은 그 활동이 어떤 사다리 단계에 해당하는지와 상관없이 중요하고 필요한 일이다. 사다리의 하위 단계에 해당하는 활동이라도 학생 참여의 진입점이 될 수 있어 중요하다. 다시 강조하자면, 사다리의 어떤 단계에 위치하는지는 교사의 의도에 달려 있다. 이 사다리 이론이 학교에서의 회복적 정의에 적용되어, 학생 참여를 강화하고 교사와 학생의 관계가 공평한 파트너십으로 나아가는 데 도움을 줄 수 있기를 바란다.

사다리 이론의 한계

학교에서 청소년과 함께 하는 회복적 정의를 위해 노력할 때, 우리는 사다리 이론을 통해 우리가 어디에서부터 시작해야 할지를 알고, 우리의 활동과 시스템, 성인과 청소년으로서 우리가 가진 힘을 성찰할 수 있다. 하지만 사다리 이론만으로 학교 구조에 스며든 문화적, 역사적 불의의 근본 원인을 살필 수 없다는 비판적 시각도 필요하다.

새벽부터 나무에서 과일을 따는 모습을 상상해 보자. 사다리 한 단만 딛고서 열매를 따고 있는가? 아니면 과일이 달린 높이에 따라 사다리 단을 오르락내리락하며 열매를 따고 있는가? 땅에 떨어진 과일도 줍고 까치발을 들어 손을 뻗으며 이리저리 움직이기도 하는가?

이 비유를 통해 우리는 다양한 방식으로 사다리를 탐구하는 방법을 이해할 수 있다. 한편 우리는 나무가 자라는 환경과 토양도 알아야 한다. "농사를 지어서 먹고 살아야 하는 사람은 누구인가? 농사를 짓는 사람은 누구인가? 땅은 누구의 소유인가? 나무는 얼마나 오래되었는가? 나무가 자라는 곳의 생태환경은 어떠한가? 열매는 어떻게 쓰일 것인가? 나무를 키우는 가족은 어떠한가? 토양을 풍부하게 하는 것은 무엇인가?"와 같은 질문을 해야 한다.

회복적 정의 활동에서 학생 참여는 위와 같이 과수원의 환경을 자세히 살펴보는 것과 같다. 사다리는 진공 상태에 존재하지 않는다. 성인이 사회적으로 구성한 인공적인 조건 안에 존재한다. 우리는 3장에서 학생 참여의 핵심 신념을 소개하고, 사회적으로 구성된 인공 조건을 분석하고 성찰하는 틀을 다룰 것이다.

사다리 이론으로 회복적 정의 활동 성찰하기

- 포스트잇에 개인적으로 실천하는 회복적 정의 활동을 적는다.

- 활동이 적힌 포스트잇을 학생 참여 단계에 따라 해당하는 사다리 단에 붙인다.

- 사다리 단을 이동하려면 어떤 활동이 더 필요한지 생각한다.

- 본인의 성찰을 마무리하고, 파트너 학생과 함께 위의 과정을 반복한다.

- 함께 작업한 것을 모두 기록하고, 사다리 단마다 활동을 붙인다. 학생과 의견이 다른 지점이 확인되면, 어느 단에 어떻게 놓을지 함께 탐구하고 토의한다.

2장

핵심 가치: 세대 간 파트너십과 해방 교육

세대 간 파트너십은 모든 사람에게 지혜가 있다는 신념이 있을 때 가능하다. 모든 사람은 비단 청소년과 성인만을 의미하지 않는다. 갓난아이와 어린이, 10대, 청년, 노인 모두를 포함한다. 모든 사람은 공동체에 기여할 것이 있으며, 이 세상의 정의와 공정으로 향하는 여정에서 나이와 관계없이 역할이 있다.

– 잇자마르 카르모나 펠리페, 회복적 정의 활동 졸업생, 오클랜드

공민권을 위한 시민운동 당시 몽고메리 버스 보이콧이 일어나기 9개월 전, 시민 운동가 클로뎃 콜빈Claudette Colvin은 버스에서 백인에게 좌석을 양보하지 않았다. 그때 클로뎃의 나이는 15세였다. NAACP 청소년 의회의 장이었고, 흑인 역사의 달15)에 학교에서 배운 것에 영감을 받았다. 클로뎃은 "내 머릿속에는 흑인 역사로 가득 차 있었다"라고 그때를 회상했는데, 과거 인종 차별 철폐 운동가들

---

15) "Claudette Colvin: Twice Toward Justice." Zinn Education Project, March 2, 2021.
https://www.zinnedproject.org/materials/claudette-colvin-twice-toward-justice/

과의 연결감을 느끼며 스스로 저항을 선택했다고 말했다.

> "그 당시 오른쪽에서는 소저너 트루스가, 왼쪽에서는 해리엇
> 터브만이 나를 누르고 있는 것 같아 일어설 수가 없었다."

과거에 사회정의를 위해 저항했던 이들과의 연결과, 학교에서 사회의 부조리함에 대해 배웠기에 클로뎃 콜빈이 선택한 행동은 청소년 참여의 두 가지 핵심 가치를 말해준다. 바로 세대 간 파트너십과 불의에 대한 저항을 가르치는 학교 교육이다.

우리는 '청소년과 성인의 파트너십'과 '세대 간 파트너십'의 중요한 차이를 설명하며 첫 번째 핵심 가치인 세대 간 파트너십을 이야기하고자 한다. 두 번째 핵심 가치는 해방교육이다. 이장의 끝에는 세대 간 파트너십을 세워가는 청소년과 성인에게 제안하고 싶은 것을 실었다.

핵심 가치 1: 청소년과 세대 간 파트너십

세대 간 파트너십은 학교안팎 모든 공동체 구성원이 정의롭고 공평한 배움의 환경을 창조하고자 협력하는 것을 의미하며, 이는 청소년과 함께 하는 회복적 정의의 핵심 가치이다. 회복적 정의에서 청소년·성인 파트너십은 성인과 청소년 간의 협력만을 의미하지 않는다.

나이가 다른 그룹간의 교류에서 세대 간 파트너십은 다양하게 나타난다. 고등학생 회복적 정의 리더가 중학생이나 초등학생과 교류하거나, 중학생 회복적 정의 리더가 초등학생을 교육하거나, 졸업생이 청소년 회복적 정의 리더를 멘토링하거나, 공동체 학교 안팎에서 지역 사회의 어른elder이 서클에서 지혜를 나누고 교육하는 것을 포함한다. 세대 간 파트너십은 '상호 독립성과 배움과 가르침의 공생 관계를 이해하고, 청소년과 성인의 다름을 존중하며, 두 그룹을 동등하고 소중하게 여기며 상호 교류하는 것'을 바탕으로 한다.16)

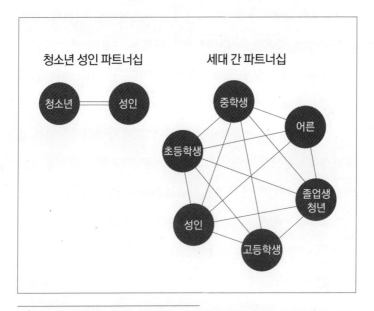

16) Dougherty, Ilona, ed. Rep. The Youth-Friendly Guide to Intergenerational Decision-Making Partnerships, 2004. https://www.ndi.org/sites/default/files/2061_citpart_youth_010104_5.pdf.

회복적 정의 운동에서 청소년 참여는 상호 연결성과 세대 너머 교류하고 싶은 사람들의 필요를 분명히 보여준다. 도로시 반더링Dorothy Vaandering의 관계의 창[17]은 사람이 책에서는 청소년을 존중하는 방식에 대해 다르게 접근하는 방식을 보여준다. 반더링은 이 표에서 성인과 청소년이 함께 일하는 것이 행위가 아닌, 존재로 서로를 지지하며 관계를 세우고 협력하는 기회임을 보여준다. 청소년은 '관리나 무시의 대상, 필요를 채워 줘야 하는 대상'이 아니라 어른과 같이 주체성을 존중해줘야 하는 존재이다.

학교에서 학생들은 정의롭고 공평한 학교 환경을 공동으로 창조하는 데 함께 참여할 수 있어야 한다. 학생 또는 교사, 어느 한 주체만 주도하지 않고 상호적으로 일할 수 있어야 한다. 모든 사람은 다양한 재능으로 기여할 수 있다. 청소년이 회복적 정의 운동에서 보여주기식 참여자로 머물러서는 안 된다. 문화 다양성이 고려된 교육과정과 정신건강 지원, 공동체 형성 서클, 학교 안 경찰 주둔 철회에 목소리를 내는 일에 주체가 되어야 한다. 우리는 서클 운동을 펼치며 오랫동안 학생의 목소리를 주변부로 두며 유지해 온 학교 내의 위계적인 리더십 구조를 흔들어야 한다.

1장의 사다리 모델은 청소년과 파트너십을 이루며 함께 활동하

---

17) Evans, Katherine, and Dorothy Vaandering. The Little Book of Restorative Justice in Education: Fostering Responsibility, Healing, and Hope in Schools. New York: Good Books, 2016.

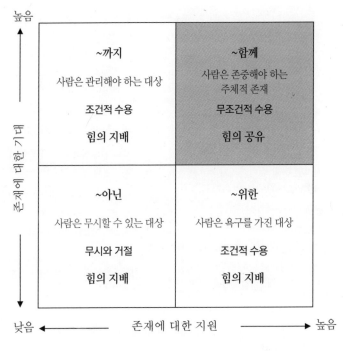

관계 매트릭스 (힘의 지배/힘의 공유)

는 단계, 청소년을 위한 활동 단계, 청소년에게 하는 활동 단계로 구분할 수 있다. 이는 관계의 창 네 가지 영역에서 의미하는 바와 연결된다.

세대 간 파트너십 세우기[18]	
함께 일하는 성인이나 청소년과 다음 제안을 토의하고 나만의 제안도 더해 본다.	
성인을 위한 제안	**청소년을 위한 제안**
• 개인은 자기 자신만 대표할 수 있다. 한 명의 청소년이 전체 청소년을 대표한다고 생각하지 않는다. • 청소년과 함께 일하기와 청소년을 위해 일하기에는 차이가 있다는 것을 이해한다. • 대화할 때 청소년을 존중한다. 청소년이 말할 때 말을 자르거나 끼어들지 않는다. • 성인인 내가 차지하고 있는 공간을 의식한다. • 청소년의 의견과 염려를 경청하고 이를 진지하게 받아들인다. • 청소년도 바쁘며 감당하고 있는 책임이 있음을 의식한다.	• 도움이 필요할 때 성인이 동지로서 곁에 있다는 것을 기억한다. • 성인 역시 인내심이 필요한 존재이며, 배우는 과정에 있음을 기억한다. • 성인과 생각이 다를 때 생각과 대안을 나눌 수 있다는 것을 의식한다. • 정직하게 성인을 대하며 의사 결정 과정에서 염려되는 게 있다면 표현한다. • 성인과 명료하게 의사소통하기 위한 다른 방법이 있다는 것을 이해하고 이를 배울 수 있도록 한다. • 나의 경험과 지식이 소중하다는 것을 명심하고 소신을 갖는다.

---

18) Adapted from Youth Adult Partnership Tips for Schools created by OUSD(오클랜드 통합 교육구) intergenerational Restorative Justice Team, and All City Council Student Union. Youth Adult Partnership Tips for Schools. Oakland, CA: Oakland Unified School District—Restorative Justice, 2019.

핵심 가치 2: 구조적 정의로 전환하는 해방 교육

해방 교육은 해방이라는 개념에서 출발한다. 해방은 모두의 인간 성이 온전히 발휘되며, 어떤 위계질서 안의 종속과 억압에서 자유로 워지는 과정에서 타자와 일체감을 경험하는 것을 의미한다. 레베카 은미 하슬람Rebecca Eunmi Haslam과 로렌 알렌Lauren Allen이 제시하는 평등, 공평, 정의, 해방 그림은 해방으로 나아가기 위해 무엇을 시작

해야 하는지 보여준다.[19] 어떤 사람은 이 그림을 보며 학생을 떠올릴 수 있다. 상자는 제도적 지원으로, 담은 제도적 장벽으로, 담 너머 밴드는 해방이라는 목표로 볼 수 있다.

첫 번째 그림에서 네 사람은 높이가 같은 상자에 올라 서 있다.^평^등 그러나 네 사람은 같은 위치에 서 있지 않다. 한 사람은 꺼지지 않은 지면에 놓인 상자에 올라가 있지만, 다른 사람들은 푹 꺼진 지면에 놓인 상자에 서 있다. 이 그림은 어떤 사람은 자신이 서 있는 위치만으로 이익을 얻을 수 있다는 점을 보여 준다.

두 번째 그림은 서 있는 자리에 따라 다른 높이의 상자를 받아 결과적으로 같은 눈높이에서 담 너머 밴드를 볼 수 있는 상황을 보여준다.^{공평}

세 번째 그림은 네 사람 모두가 힘을 합쳐 담을 허물고^{정의}, 마지막 그림은 같은 위치에서 밴드를 즐기는 모습을 보여준다.^{해방}

청소년과 함께 하는 회복적 정의는 불균등한 지면을 고르게 만들고 담을 허물어 정의롭고 공평하고, 모두가 존중 받는 해방적 배움의 공간을 만들고자 한다. 고르지 않은 지면과 담은 불의하고 불공평한 교육정책과 실행, 청소년과 청소년 공동체에 부정적 영향을 미치는 사회정치적·경제적·문화적 조건이라고 볼 수 있다. 해방을 위

---

19) The original iteration of this graphic is by Angus Maguire. There are dozens of reinterpretations of this diagram, and we believe this one comes closest to explaining the concept of liberation.

해서는 특권을 가진 사람이든 그렇지 않은 사람이든 모두가 성별, 인종, 종교, 성적 지향, 능력, 나이, 이 외 다양한 요소에 의해 위계화된 이데올로기에서 자유로워야 한다. 사회적 불의로 만들어진 담과 기울어진 지면이 더는 존재하지 않아야 한다.

억압하는 시스템systems of oppression이 존재한다는 것을 모른다면, 그것을 해체할 수도 없다. 따라서 청소년과 성인 모두가 억압하는 시스템을 인식해야 한다. 교육 이론가 파울로 프레리Paulo Freire는 억압하는 시스템에 대해 지속적으로 성찰하고 이를 해체하는 실천을 '프락시스'라고 정의했다.[20]

프락시스는 구조적 불의를 밝히고, 그 뿌리를 이해하며 구조적 불의가 어떻게 뿌리내리는지 성찰하고, 그 억압에서 해방되려면 무엇을 해야 하는지 공동체적으로 드러낸다. 프락시스의 궁극적 목적은 억압하는 사회 프로그래밍에서 우리 자신을 해방하는 것이다. 모든 사람은 자신의 인간성을 온전히 존중하고, 모든 가르침은 인간을 자유롭게 하는 것을 중심 내용으로 다룬다. 따라서 우리는 해방 교육을 '성인과 청소년이 프락시스를 통해 함께 정의로운 세상을 상상하고 이를 이뤄가는 페다고지'라 일컫는다.

회복적 정의에는 공동체 모든 구성원을 존중하는 정책과 환경을

---

20) Freire, Paulo. Pedagogy of the Oppressed. New York: Continuum, 1993.(『페다고지』, 남경태 옮김, 그린비 역간, 2018)

조성할 수 있는 잠재력이 있다. 청소년의 문화와 살아있는 경험을 존중하는 회복적 정의 기반 교육은 반드시 해방 교육에 근간을 두어야 한다. 해방 교육은 청소년과 성인이 함께 해방을 경험할 수 없게 만드는 담을 허물어야 가능하다. 진정한 학교 문화 변혁에는 이 두 핵심 가치, 세대 간 파트너십과 해방 교육이 필수적이다.

1장에서 소개한 학생 참여 사다리 모델은 세대 간 파트너십이 나아가야 할 방향을 보여준다. 그러나 사다리 단 사이를 오르락내리락 이동하는 과정에 대해 어떻게 성찰해야 하는지 보여주지 않는다. 따라서 3장에서는 바바라 러브의 해방 의식 기르기 순환 틀을 통해 세대 간 파트너십을 성찰할 수 있는 네 단계 프락시스를 소개하고자 한다.

3장
해방 의식 기르기

> 만약 당신이 나를 돕고자 이곳에 왔다면, 당신은 시간 낭
> 비를 하는 겁니다. 하지만 당신의 해방이 나의 해방과 연
> 결되어 있기에 이곳에 왔다면, 함께 손을 잡고 해방을 이
> 루어가요.　　　　　　　　　－ 퀸스랜드 원주민 인권 활동가 [21]

1장의 과일 추수 은유를 다시 한번 생각하며 해방 교육의 가치에 대해 더 탐구해 보고자 한다. 우리는 나무가 자라는 과수원 환경, 즉 사회적 조건을 생각해야 한다. 너무나 많은 학교와 교실 환경이 우리 사회 환경처럼 불평등에 기여했고 여전히 불평등하며 불평등에 스며들어 있다.

과수원 땅은 인종 차별과 계급주의와 제국주의 등 나무의 풍요로움을 해치는 억압으로 오염돼 있다. 역사적으로 학교는 피지배 노동자 계층을 생산하기 위한 순응과 기술을 가르치기 위해 만들어졌다. 현대 사회에서 교사는 글로 기술된 교육과정을 가르치고 있으

---

[21] Leonen, Michael F., and Michael F. Leonen. "Etiquette for Activists." YES! Magazine, May 21, 2004. https://www.yesmagazine.org/issue/hope-conspiracy/2004/05/21/etiquette-for-activists.

나, 이는 학생의 삶과 동떨어져 있다. 표준화된 시험이 학생의 궁극적인 성공을 정의한다. 코로나 감염병의 세계적 유행으로 교육 시스템 현실은 악화되었으며, 혹독한 교육 현실의 민낯이 그대로 드러났다. 주변부에 있는 학생들은 사회적·기술적 지원이 부족해 더욱 고립되는 결과를 낳았다.

플레처의 사다리 이론은 청소년과 함께 회복적 정의 운동을 펼칠 때 나타나는 힘과 특권을 성찰하는 데 유용하다. 하지만 '사다리'라는 시각적 비유는 세대 간 파트너십을 이루어 일할 때 사다리 단 사이 이동의 맥락을 보여주는 데에는 한계가 있다.

'정의롭고 공평한 학교 공간 창조'라는 가치에 활력을 주기 위해서는 해방에 초점을 둔 사고방식이 필요하다. 바바라 러브의 해방 의식 기르기 순환 틀을 렌즈로 사용해 과수원, 토양, 나무를 풍요롭게 하는 조건을 살펴보고자 한다. 러브는 해방 의식을 '인간이 그 조건이 가져다주는 절망과 무기력에 굴복하지 않고… 억압의 역동성에 대한 인식을 유지할 수 있게 해주는 알아차림'으로 정의한다.[22]

러브의 순환 틀은 청소년과 협력하는 일을 사회적 맥락에서 살펴보고, 우리가 해방 의식 단계인 알아차리기, 분석하기, 행동하기, 책임지기로 나아가게 하는 데 도움을 준다. 네 가지 단계는 순환적이

---

22) Love, Barbara. "Developing a Liberatory Consciousness." Essay. In Readings for Diversity and Social Justice, edited by Maurianne Adams, Warren Blumenfeld, Carmelita Casta eda, Heather Hackman, Madeline Peters, and Ximena Z iga, 53340. New York: Routledge, 2010.

기에 우리는 이 표를 해방 의식 기르기 '순환' 틀이라 부른다. 각 단계는 우리 삶에서 해방 의식을 기르고 실천하는 일이 역동적이고 지속적인 작업임을 알려준다.

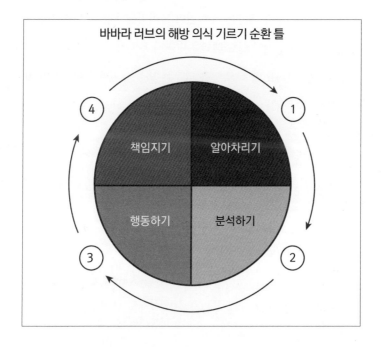

바바라 러브의 해방 의식 기르기 순환 틀

4 책임지기
1 알아차리기
행동하기
분석하기
3
2

알아차리기Awareness

첫 번째 단계인 알아차리기는 '일상에서 사용하는 언어와 행동, 생각을 알아차리고, 주의를 기울이는 능력을 기르는 것'이다. 불의가 삶의 다양한 영역을 어떻게 잠식하는지 알아차리는 행위는 공평으로 향해 가는 첫걸음이다.

이 단계에서 핵심은 우리가 특정 집단을 다른 집단보다 중요하게 여기도록 사회화되었다는 것을 인정하는 것이다. 아래 제시하는 표는 '주류'와 '비주류'로 집단을 구분한다. 주류 집단은 이유 없이 혜택을 받는 반면 비주류 집단은 이유 없이 불이익을 받는다. 비주류 집단은 교육 기회를 얻거나 의료 혜택을 받거나 부자가 될 기회가 적다.

아래 표를 살펴보면 두 집단을 나누는 범주가 사회적이고 임의적이며 불의하게 만들어졌다는 것을 알 수 있다.

정체성의 사회적 구성 Social Constructions of Identities

주류	비주류
□백인	□비백인
□비장애인	□장애인
□이성애자	□동성애자
□시스젠더태어날 때의 성별과 동일하게 성 정체성 인식	□LGBTQ+레즈비언, 게이, 양성애자, 트랜스젠더, 퀴어, 간성+
□남성	□여성
□성인	□아동/청소년/노인
□중산층 혹은 상류층	□노동자 혹은 극빈층
□밝은 피부	□어두운 피부
□영어 모국어	□비영어 모국어
□시민권자	□이민자
□대학 졸업자	□거주 서류 미등록자
□기독교인	□재소자 혹은 수감자
	□성노동자
	□비기독교인

우리는 이 분류가 자연스러운 것이 아니라 사회적으로 구성된 것임을 기억해야 한다. 정체성은 사회적 억압과 연관되어 있다. 예를 들어, 인종 차별은 유럽계 후손을 더 가치있게 여기는 시스템이다. 더 충격적인 사실은 인종 차별 때문에 주변부에 속한 사람이 내면화된 억압을 경험한다는 것이다. 유색인종이 자신을 백인보다 열등한 존재로 바라보는 것이 그 예다. 주류 집단에서도 내면화된 지배를 경험할 수 있는데, 한 여성이 박사 학위를 받고 자신이 어머니보다 더 가치 있다고 여기게 되는 것이 그 예이다.

표에서 자신이 해당하는 것에 표시하며 자기 정체성을 어디에 두는지 확인해 보자. 이 활동에서 중요한 것은 오른쪽이나 왼쪽 중 어느 것에 더 많은 표시를 했느냐보다 이러한 분류가 존재하는 것을 인식하는 데 있다. 불공평을 인식하는 이 활동을 하면서 우리 대부분이 자신의 정체성이 왼쪽과 오른쪽 분류 둘 다에 속하는 것을 알게 될 것이다. 우리의 정체성이 교차적이기 때문이다.

알아차리기 과정은 이 표에 표시하며 어떤 기분을 느끼는지도 포함한다. 안심했는지, 놀랐는지, 방어적인지 등의 감정을 살펴본다. 이 분류가 우리 정체성을 설명해 주지 않는다는 것을 깨달으면, 우리는 억압된 정체성으로 자신을 규정하지 않게 된다. 우리는 해방을 이루어 가는 교사로서, 우리 자신과 특히 청소년과 공동체에 영향을 미치는 개인적, 구조적, 제도적 요소들에 의도적으로 주의를 기울여야 한다.

분석하기 Analysis

두 번째 단계는 분석하기로, 왜 세상이 이렇게 됐는지 자세히 살펴보는 단계이다. 억압 시스템을 해체하기 위해서는 직접 영향을 받는 사람들의 경험을 중심으로 하는 개인적, 구조적, 시스템적 변화를 위한 분석이 필요하다. 이 단계에서 억압 시스템이 왜 존재하는지에 대한 질문을 계속한다.

두발 규정으로 흑인 학생의 자연스러운 머리를 처벌하는 학교를 예로 들어 보자. 어떤 학교는 흑인 학생이 자연스러운 머리로 학교에 오면 처벌한다. 흑인 머리에 대한 역사적 배경, 노예제와 식민주의가 곱슬머리보다 직모가 우월하다는 문화적 틀에 영향을 미쳤기 때문이다. 이는 차별적인 훈육 정책이다. 이 원인을 파악했다면 회의나 서클에서 문제만 이야기하지 말고 바로 행동하기로 나아가야 한다. 우리는 정보 과다로 인한 '분석 불능analysis paralysis'에 빠지지 말아야 한다. 의미 있는 변화를 위해 힘을 써야 한다.

행동하기 Action

세 번째 단계는 행동하기이다. 분석하기에서 다뤄진 내용을 바탕으로 행동 전략을 만들고 발전시킨다. 자신의 위치와 불의에 가장 영향을 많이 받은 사람들과 어떻게 협력할지를 모색한 후 행동한다. 이 일이 비주류 집단을 위한 일이 아니라 우리 모두를 위한 일임을 기억한다. 분석하기 단계에서 우리는 개인과 집단으로서 권리와 힘이 있음을 깨달으며, 억압의 근본 원인을 이해한다. 이 깨달음과 이해를 바탕으로 무엇을 해야 할지 생각한다.

이 단계를 한 가지 특정 문제에 집중하는 단계라기보다 억압하는 이데올로기와 시스템을 해체하는 단계라고 이해해도 좋다. 흑인 청소년이 자연 그대로의 머리 모양으로 등교하는 것은 두발 규칙에 저항하는 행동의 시작이지만, 종국에는 이러한 정책을 낳은 이데올로기와 싸우는 것이 필요하다. 이 과정에서 우리는 청소년을 소중한 지혜를 가지고 있는 주체이자 해방 운동에 해결책을 제시하는 존재로 신뢰해야 한다.

책임지기 Accountability

책임지기란 모든 수준의 억압 시스템을 의도적으로 끊어내는 데 책임을 다하는 것으로, 우리의 성찰과 실천에서부터 시작한다. 이 단계에서 우리는 어떻게 자신의 힘을 활용하고, 최소화하는지를 인식하며 인종 차별주의, 나이 차별주의, 그 외 다른 억압 시스템과 어떻게 싸울지 지속적으로 고려한다.

교사가 공간이나 서클에서 자신의 힘을 내려놓는 것은 책임지기의 예이다. 교사가 회복적 정의에 대해 말하는 패널로 초대받았을 때, 교사는 청소년도 발언할 수 있도록 지지하며 청소년과 자신에 대해 책임지고 힘의 역학 관계를 변환시켜야 한다.

비주류에 속한 사람청소년은 사회화로 자신이 받은 영향을 성찰하는 한편, 주류 집단에 속한 사람교사은 정형화된 사회 역할에 대해 질문하고 탐구하고 도전하며, 책임 의식을 갖고 어떻게 힘을 공유하고 포기하는 역할을 할 수 있는지 성찰한다.

러브는 실제로 이 단계를 '책임지기/동지애ally-ship'라고 표현했다. 한때 급진적인 의미였던 동지애라는 표현은 가진 것 없이 고군분투하는 사람들을 지원한다는 의미를 내포한다. 어떤 사람도 "나는 너의 동지야."라고 쉽게 말할 수 없다. 동지애는 다른 사람의 이야기를 듣고 그들과 공동체를 이루어 가는 인간성의 연대로 만들어진다. 동지가 된다는 것은 지속적인 과정이다. 모든 사람의 존엄을 해치는 고정 관념과 이데올로기를 탈배움화하는 과정이기 때문이다.

어떤 사람이 창문이나 마당에 '흑인의 생명은 소중하다Black Lives Matter'는 간판을 걸어 놓았다고 생각해 보자. 이 사람은 이후 시스템 변화를 위해 후속 행동을 하지 않을 수 있다. 또는 좋은 의도에도 불구하고 자신이 여전히 흑인에 대한 편견이 있다는 점을 인식하지 못할 수도 있다.

'책임지기'는 생각 속에 있는 억압 시스템을 탈배움할 수 있도록 서로 도전하는 사람들과 함께하는 공동체에 있을 때 가능하다. 주류 집단과 비주류 집단에 속한 모두가 자신과 상대, 시스템에 책임질 수 있어야 한다. 궁극적으로 '너의 해방이 나의 해방'이기 때문이다.

러브의 '해방 의식 주기 순환 틀'은 학생 참여 회복적 정의 운동의 학교 맥락과 해방 교육의 핵심 가치에 대해 더 잘 분석할 수 있는 지혜를 준다. 우리는 진정성 있는 세대 간 파트너십을 이루며 회복적 정의를 교육에 실천하면서, 정의와 공평을 위해 행동할 것을 잊지 말아야 한다.

해방 의식 주기 순환Liberatory Consciousness Cycle: 성찰 질문지

성인 및 청소년 회복적 정의 실천가는 함께 아래 질문지에 답하며 프락시스를 좀 더 깊이 있게 실천하고 공평한 학교를 세워가기 위해 협력한다.

알아차리기
- 나의 정체성이 내 생각, 행동, 다른 사람과 관계를 맺어가는 방식에 어떤 영향을 주는가?
- 공동체에서 이해 관계자들의 정체성은 어디에 속하는가? 이들의 정체성이 학교에서 중요하게 여겨지고 포용되는가?
- 나는 주변부로 몰리는 사람들의 역사적, 현재적 경험historical and lived experiences에 대해 무엇을 알고 있는가?
- 나는 청소년과 성인과 어떻게 협력하고 있는가?
- 나는 학교에서 힘이 있거나 중요하게 여겨지는 사람에 대해 무엇을 인식하고 있는가?

분석하기

● 왜 학교 안에 다른 이들보다 더 많은 힘을 가진 집단이 있는가?

● 논란이 되는 문제를 분석할 때 고려해야 할 관점은 무엇인가?

● 내가 가진 편견을 의식하고 있는가?

● 내가 배워야 할 것은 무엇인가?

● 내가 현재 생각하고 있는 방식의 뿌리들은 무엇인가?

행동하기

● 내가 행동해야 하는 일인가? 다른 사람이 행동할 수 있도록 지원이나 협력할 수 있는 부분은 무엇인가?

● 더 어린 사람들이 주체성을 갖도록 어떻게 지원할 수 있는가?

● 청소년을 지원하기 위해 자원을 어떻게 활용할 수 있는가?

● 어떻게 하면 불의한 상황을 다시 만났을 때 더 잘 행동할 수 있는가?

책임지기

● 어떻게 하면 두렵고 의기소침해지는 순간에도 힘을 내려놓고 취약해질 수 있는가?

● 어떻게 하면 청소년과 일하는 성인으로서 혹은 성인과 일하는 청소년으로서, 나의 특권과 힘을 의도적이고 의식적으로 점검할 수 있는가?

● 어떻게 하면 나와 다른 사람에게 책임을 다하며 진실하고authentic 정직할 수 있는가?

4장

청소년과 함께 하는 작업을 위한 토대 만들기:반-꼰대주의

저는 최근 회복적 실천 훈련 과정에 공동 진행자로 활동했습니다. 서클 진행방법은 알고 있었지만, 와드화 선생님(Dr. Wadhwa)의 조언 없이 학교 밖에서 진행한 것은 처음이었습니다. 준비하는 동안 사람들은 제 의견을 진심으로 물었습니다. 기분이 이상했습니다. 그 자리에서 저는 누군가의 멘티가 아니라 와드화 선생님의 방식을 잘 아는 사람으로 여겨졌고, 그래서 과정이 다르게 느껴졌습니다. 저도 모르게 저와 와드화 선생님 사이의 힘의 역학 관계 때문에 제 기량을 의심하기도 했습니다. 하지만 다른 사람이 나를 믿어줄 뿐만 아니라, 나 또한 나를 믿을 수 있다는 것을 깨닫게 되면서 혼자서도 잘 할 수 있다는 마음과 자신감이 커졌습니다.   -미르나 베나벤테(Mirna Benavente), 휴스턴

이 사례에 나오는 미르나 베나벤테는 현재 고등학교 3학년으로, 회복적 정의 교실의 수석 보조 교사로 활동했다. 그러나 학교 밖 서클 공간에 초대되기 전까지는 자신을 회복적 정의 영역에 전문성이 있는 사람으로 여기지 않았다. 교사 아니타 와드화가 파트너가 된

청소년들을 신뢰하는데도 불구하고, 권위 있는 인물인 그녀의 존재만으로도 미르나에게 제약이 되었다는 것을 알게 되었다.

미르나의 이야기는 청소년과 함께 일하는 모든 성인은 이른바 꼰대 렌즈가 어떻게 작동될 수 있는지 지속적으로 점검해야 할 필요가 있다는 것을 알려준다. 바른 관계에 있다는 것은 동등한 관계에 있다는 것이며, 이는 돌봄과 책임감, 상처받지 않는 관계에 있다는 것을 의미한다. 바로 이런 이유로 회복적 정의에서 세대 간에 함께 작업을 수행하려면, 가장 경험이 많고 선의를 가진 청소년 지지자들 사이에서도 '꼰대주의'와 그것이 드러나는 무수한 방식에 대한 깊은 이해가 필요하다.

간단하게 말하자면, 꼰대주의는 성인이 청소년에 대해 갖는 자연 발생적이고 구조적인 편견이다.[23] 꼰대주의는 주도적인 그룹이 하위 그룹에게 힘을 행사할 때 발생하며, 성인이 청소년에게 힘을 행사하는 상황도 그 중 하나다. 우리는 모든 성인은 꼰대라는 플레처의 말에 수긍하며, 청소년과 작업하고자 하는 성인은 적극적으로 '반-꼰대주의자'가 되어야 한다고 제안한다. 우리가 모든 성인은 꼰대라는 것을 인정만 해도 가부장주의를 넘어 해방 교육론으로 가 닿기 쉬워진다.

이번 장에서 우리는 회복적 정의 활동 공간에서 볼 수 있는 꼰대

---

23) Flasher, Jack. "Adultism." Adolescence 13, no. 51 (1978): 51723.

주의의 예를 대인 관계적 수준과 제도적 수준에서 제시하려고 한다. 그런 다음, 러브의 해방의식 기르기 순환 틀을 도구로 활용하여 성인과 나이가 좀 있는 청소년이 그들의 꼰대 성향에 끊임없이 맞서는 방법을 보여주려 한다.

대인 관계적 수준과 제도적 수준에서의 꼰대주의

대인 관계적 수준에서의 꼰대주의는 어떤 사람이 말이나 행동에서 자기보다 나이가 어린 사람을 깎아내리거나 그들의 가치를 최소화할 때 발생한다. 꼰대주의는 성인 주도의 서클에서 주로 나타난다. 성인이 토킹 피스와 서클 공간을 독점하거나 학생에게 학점을 위해 서클에 참여하도록 강요하는 것이 그 예가 될 수 있다. 플레처가 일상에서 듣게 되는 꼰대주의 예를 학교 상황에 적용해 보면 다음과 같다.

"너는 중학생치고 아주 논리정연하구나!"

"내 교실에서 소리 지르지 마!"정작 교사는 소리를 지르면서

"와우! 서클을 그런 식으로 진행하는 걸 어디서 배웠니?"

"서클 진행을 책임지는 성인은 누구인가요?"청소년이 성인과 공동진행을 하는 서클에서

"나는 성인이 이 상황을 다뤄야 한다고 생각합니다."

"너는 어린아이일 뿐이야."

"너도 지금쯤은 이것을 알아야 해."

"네가 좀 더 나이가 들면또는 인생 경험을 좀 더 하면이해할 수 있을 거야."

청소년은 이런 말을 답답하다고 느낄 수 있다. 하지만 그러면서도 자기보다 어린 학생과 작업할 때는 그들에게 능력이나 이해, 혹은 창의적인 생각이 부족하다고 여기면서 성인의 꼰대 행동을 모방하고 드러낼 수도 있다.

꼰대주의는 제도적 수준차원에서도 나타날 수 있다. 학교는 꼰대주의의 시험대라고 할 수 있다. 학교 자체가 어떤 방침이나 교칙, 프로그램을 시행할 때 청소년을 파트너로 참여시키는 경우는 매우 드물고, 처음부터 그들을 주체가 아닌 대상으로만 전제하고 정책 등을 시행하기 때문이다.

예를 들어, 성인은 좋은 의도로 청소년을 안전하게 보호하기 위해 통금 시간 같은 규칙을 만든다. 청소년을 '위해' 일방적으로 만든 규칙이기 때문에 이를 해결해야 할 문제로만 바라보며, 청소년은 규칙을 만드는 과정에 참여할 수 없고, 규칙의 효과도 기대하기 어렵다.

청소년은 자신이 맞닥뜨린 문제에 비판적 관점과 해결책을 둘 다 가지고 있다. 하지만 그들은 가능성에 대해 자유롭게 생각을 말하도록 초대받지 못하고, 시행될 최종 방침에 대해 협의도 하지 못한다.

학교 위원회에서 학생 대표가 단지 결정권이 없는 자문단 역할만 할 때 제도적 꼰대주의는 작동된다. 게다가 학생이 학교 이사회 구성원을 선출할 수 있는 경우는 매우 드물다. 정작 학교에서 가장 큰 영향을 받는 청소년이 직접적인 대표성을 갖지 못하는 것이다.

꼰대주의에 맞서기 위해 순환틀 활용하기

교실 안에서 일어나는 대인 관계적 수준, 제도적 수준의 꼰대주의를 멈추기 위해 회복적 정의 활동가는 바바라 러브의 해방 의식 기르기 순환 틀을 사용할 수 있다. 다음 예시를 통해 러브의 순환 틀로 꼰대주의를 지속적으로 성찰하여 꼰대주의를 멈출 수 있는 방법을 보여줄 것이다. 교사와 학생 사이의 미세한 상호작용의 예시부터 시작해보자.

대인 관계적 꼰대주의 : 아니타의 일지 기록

신규 교사가 새 학년 첫날에 사용하도록 배우는 속임수가 하나 있다. 학생들이 공동으로 규칙을 '선택하도록' 하는 것이다. 규칙 목록은 결국 교사인 내가 열거하려고 한 것과 비슷할 것이다. 하지만 나는 이 활동이 학생들을 좀 더 공손하게 행동하도록 매수하는 속임수라는 것을 안다. 표면상으로는 학생들이 규칙을 만든 것처럼 보일 테니…

2001년에 나는 교사가 되어 9학년중3에게 영어를 가르치면서 이 방법을 사용했다. 그때 나는 이해심을 갖고 학생들과 관계를 맺고 있다고 생각했다. 하지만 결과적으로 나의 시스템과 기대에 아이들을 더욱 순응시키려고 애쓴 것이다.

1단계. 반-꼰대주의를 향하여: 알아차리기

꼰대주의를 알아차리기 위한 첫 단계는 우리 대부분이 유년 시절에 내면화시킨 통제와 복종을 둘러싼 메시지와 편견, 서사를 해체하는 것이다. 이 단계에서 해야 할 질문은 본래 암묵적이고 종종 무의식적이기까지 한 메시지를 어떻게 알아차릴 것인가이다. 위 성찰문은 아니타가 대학원 과정에서 공평함을 주제로 하는 수업에서 자신의 수업 절차에 대해 쓴 것이다. 아니타는 성찰일지를 쓰며 자신의 꼰대주의의 역사를 발견하고자 노력했다. 내가 하는 일에 대해지속적으로 글을 써보면 꼰대주의가 드러나는 순간을 발견할 수 있는 공간이 생긴다.

다른 사람들은 자신보다 나이가 어린 사람들과 함께 하는 작업에서 꼰대주의의 순간을 발견하기 위해 명상이나 자연으로의 몰입, 치료법, 신체 활동, 다른 실천가들과 함께 하는 서클 작업 같은 성찰 활동을 한다.

성찰을 요구받는 것은 매우 불안하고 고통스러울 수 있다. 그러나 치유가 시작되려면 반성적 성찰방식을 개발하고 이를 지속적으로 실천해야 한다.

성찰적 실천을 위한 일지 안내

청소년과 성인 회복적 정의 실천가는 꼰대주의에 대해
지속적으로 성찰하기 위해 다음 질문을 중심으로 글을 써 볼 수 있다.

- 당신보다 나이가 많은 사람에게 나이가 적다는 이유로 존중받지 못했거나 억압을 받았던 때는 언제인가요? 어떤 느낌이 들었나요?
- 당신보다 나이 어린 사람에게 비슷하게 억압적인 방식으로 행동했던 적이 있나요? 만약 있다면 어떤 것이었나요? 어떤 느낌이 들었나요?
- 당신이 '옳아야' 했기 때문에 당신보다 나이 어린 사람과 힘겨루기를 하고 계속 다툰 적이 있나요? 만약 있다면, 그 느낌이 어디에서 온다고 생각하나요? 성인이 옳아야 한다는 생각은 어디에서 나오나요?
- 나이가 어린 사람의 어떤 행동이 당신의 부정적인 정서를 자극하나요? 그 느낌은 어디에서 온다고 생각하나요?

2단계. 반-꼰대주의를 향하여: 분석하기

아니타는 자신이 성인 주도의 기준을 따르도록 의도된 학급 약속을 만드는 과정을 선택한 이유를 분석했다. 청소년과의 소통을 억압의 역사 같은 더 큰 불공평함과 연결하려고 시도했다. 아니타는 대학원 과정에서 교사와 학생 사이에서 나타나는 힘의 불균형에 대해 비판적 분석 방법을 제시하는 자료를 읽게 되었다. 그녀는 자신의 꼰대주의 일부가 500년 전 노예제 시대[24] 부터 시작되어 미국 인디언 기숙 학교와 흑인, 원주민, 라틴계 청소년에 대한 불공평한 정학과 추방에 이르기까지 훈육과 통제를 둘러싼 구조에서 비롯된 것은 아닌지 궁금했다.

3단계. 반-꼰대주의를 향하여: 행동하기

세대 간 파트너십의 핵심 가치가 살아나려면 청소년을 대상으로 하거나 그들을 위한 것이 아니라 그들과 함께 하는 파트너십이 필요하다. 아니타는 교사가 학생에게 이야기하거나 교감이 훈육하는 방식을 중단하기 위해 청소년과 함께 작업하는 일에 전념했다. 아니타는 서클을 열어, 청소년이 교육의 기회를 제한하는 임의적인 규칙 예를 들어 면도하지 않은 남학생을 교내 정학에 처하는 것 등에 대해 불만을 토로하고 불공평함에 대한 해결책을 표현하게 했다.

이후에 이 경험은 청소년이 청소년에게 서클과 회복적 정의를 교육하는 청소년 주도 회복적 정의 리더십 모형을 청소년과 함께 만드

---

24) Peeples, Tanesha. "학교 규율은 현대판 샤텔 노예제이며 거의 모든 사람이 그것에 참여하고 있다." Education Post, March 6, 2021.https://educationpost.org/school-discipline-is-the-modern-day-chattel-slavery-and-damn-near-everybody-is-in-on-it/

는 결과로 이어졌다.

4단계. 반-꼰대주의를 향하여: 책임지기

책임감 있는 반-꼰대주의자로 살기 위해서 아니타는 청소년과 함께 하는 실천에 교사가 정기적으로 참여할 수 있는 방법에 관한 책을 읽기 시작했다. 또 소규모 학생을 모임에 초대해 함께 피자를 먹으며 대화했다. 대화에서 학생들은 아니타에게 수업을 바꾸고 학생들과 문화적으로 좀 더 연결되는 방법에 대해 피드백을 주었다. 1년 내내 계속 모이며, 공유된 목표를 마음에 새기면서 학생들의 피드백을 통해 수업을 발전시켰다.

꼰대주의의 복잡성: 언제 성인이 좀 더 힘을 가지는 것이 좋을까?

우리는 '무엇이 꼰대주의이고 무엇이 아니냐?' 하는 이분법적 개념을 경계해야 한다. 우리는 연장자의 지혜와 힘이 더 어린 사람들에게 혜택을 주고 있으며, 이런 연장자의 지혜와 지도가 평가절하되어서는 안 된다는 것을 알고 있다.

연장자가 나이 덕분에 존경과 권위를 부여받고, 청소년과 젊은 사람 또한 그 공동체의 구성원으로서 가치와 존엄성이 존중되는 선주민 문화의 다각적인 가르침을 수용하는 것은 중요하다.

우리는 청소년이 자기 삶과 학교 교육에 대해 중요한 결정을 내리는 자리에 있어야 한다는 것과 청소년의 결정하는 능력과 주체성은 아직 성장중이라는 것에서 오는 긴장감을 이해해야 한다.[25] 성장은 역동적인 개념이다. 청소년 성장의 역동성을 마음에 품고 그들의 개인적, 문화적, 사회적, 교육적 욕구를 반영해야 한다.

청소년은 성장하고 변영할 수 있는 구조와 지지를 갈망한다. 성인은 청소년의 발전과 성장을 지원하는 동시에 그들의 주체성을 존중하고 청소년이 받아야 할 합당한 지도와 존중을 제공하는 일 사이에서 균형을 추구해야 한다. 성인은 자신의 힘을 인정하고 영향력을 행사할 책임과 기회가 있다. 청소년과 성인은 성장이 일어나는 이러한 불편함에 기꺼이 기대어 세대를 가로질러 계속 힘을 공유하려는 의지를 발휘할 수 있다.

---

25) Lansdown, Gerison (2005). The Evolving Capacities of the Child, *Innocenti Insights* no. 11.

5장

회복적 정의에 대한 청소년 참여의 유형학

학교 구성원 대부분이 학생이다. 그들은 공평한 배움의 환경을 창조하는 방법에 결정적인 관점을 가지고 있지만, 삶에 영향을 미치는 중요한 결정에 참여하는 경우가 드물다. 그러나 학생은, 특히 주변부로 밀린 사람일수록 반드시 학교의 의사 결정자로서 중심에 있어야 한다.

회복적 정의에서 청소년이 참여하는 방식은 다양하다. 이 방식을 종합해 보면 청소년이 참여하는 유형을 알 수 있다. 이어지는 세 개의 장에서 우리는 휴스턴, 홀리오크와 오클랜드에서 청소년이 참여하는 방식을 제시하고, 실천현장에서 성인과 청소년이 만들어 낸 제안을 제공하고자 한다.

회복적 정의 청소년 참여

방식	설 명
서클 진행자로서 청소년	-학교 안팎에서 서클을 디자인하고 진행한다.
교육하는 사람으로서 청소년	-교육과정을 짜고 회복적 정의 수업이나 작은 단위에서 또래를 가르친다. -회복적 정의와 서클 진행 과정에서 젊은 사람과 성인을 교육하고 코칭한다.
의사 결정자로서 청소년	-각종 위원회와 협의회를 포함한 의사 결정 조직에서 활동하고, 투표권 유무에 관계없이 학교와 학군의 정책과 규칙에 관한 결정을 내린다. -학교와 학군, 지역, 주 전역에 걸치는 정책을 작성한다.
연구자, 평가자로서 청소년	-연구 방법을 배우고, 공동체에 강력한 영향을 미치는 문제를 종합적으로 확인하고, 구조적인 문제를 포함한 이슈를 바로잡을 수 있는 제안이나 변화를 위한 연구에 참여한다. -그들에게 제공되도록 설계된 프로그램과 단체, 시스템을 평가한다.
기획자로서 청소년	-연구 및 정치적 분석을 사용하여 문제를 정의하고, 동맹과 연합 관계를 구축하고, 권력을 이동시키기 위한 직접적인 행동과 정치적 동원에 참여함으로써 사회적 변화를 전략화하고 옹호한다.
직원으로서 청소년	-학생과 졸업생 동문은 현장 또는 학군 차원에서 회복적 정의를 구현하기 위해 인턴 및 동료fellow로 일한다. 그들은 일에 대한 급여를 받거나 학점을 받는다.

6장
"교육, 자유!": 회복적 정의 교사로 학생 세우기

아니타 와드하

수업이 시작되려고 할 때, 서클 모양으로 엉성하게 바닥에 앉은 청소년 스무 명이 보였다. 몇 명은 눈을 감은 채로, 다른 몇몇은 밀려난 책상 사이에서 배낭을 머리에 베고 누워 있었다. 이 수업의 교사이자 졸업반 학생이기도 한 엔젤이 10, 11, 12학년 학생역주: 고등학교 1,2,3학년들을 명상으로 안내한다.

"스트레스에 대해서는 생각하지 마세요. 행복한 장소를 떠올리세요."

엔젤이 잔잔하게 말한다. 명상의 순간이 끝날 때, 엔젤은 커다란 청동 싱잉볼을 울리고 나무봉으로 싱잉볼 가장자리를 쓸어준다. 높으면서도 차분한 음조가 그 공간을 정갈하게 물들인다. 학생들이 명상이 주는 잠깐의 휴식과 노곤함을 뒤로하고 서클로 돌아온다.

학생들이 서로 그날 있었던 일을 이야기하면서 교실은 흥분으로

꽤 북적거린다. 엔젤이 주의 집중 신호로 "교육"을 크게 외치면, 학생들은 잠시 멈추고 "자유"라고 큰 소리로 응답한다.

엔젤이 다른 학생에게 토킹 피스를 넘기면, 그 학생이 다음과 같이 시작한다.

> "좋습니다. 체크인을 하기로 해요. 지금 느낌을 색깔로 표현하면 어떤 색깔이 떠오르시나요? 저부터 시작할게요."

나는 휴스턴에 있는 한 고등학교에서 회복적 정의 담당교사coordinater로 일하며 리더십이라는 과목명으로 회복적 정의 수업을 가르쳤다. 우리 수업에서 '교육', '자유'라고 외치는 구호는 우리가 서클과 학교, 사회 구석구석에 존재하는 장벽을 해체하기 위해 일하고 있다는 것을 계속해서 기억하기 위함이었다.

이번 장에서는 리더십 수업의 역사와 교내 회복적 정의 프로그램 전체 구조를 설명할 것이다. 이 프로그램은 청소년이 트레이너 역할을 할 때와 교사 역할을 할 때로 구분되어 있는데, 이번 장에서는 청소년이 교사 역할을 하는 방식에 더 초점을 두어 설명할 것이다. 특히, 회복적 정의 학생 교사인 엔젤 라구나스와 레슬리 럭스, 베아트리즈 마카레노 로드리게스가 교실에서 리더십을 가르친 과정에 주의를 기울여 보겠다. 또한 회복적 정의 학생 교사가 학교 전체를 대상으로 하는 회복적 정의 프로그램을 혼자 진행하는 임무를 맡았을 때 겪는 어려움을 결론에서 살펴보겠다.

학교

예스 프렙 공립학교YES Prep Public Schools에 속해 있는 예스 프렙 노스브룩 고등학교Yes Prep Northbrook High School: YPNHS는 주로 저소득층 가정 환경에 있는 9학년에서 12학년역주 중학교 3학년에서 고등학교 3학년까지의 학생 800명이 다니는 공립형 대안학교이다.

학생의 약 98%가 멕시코와 중앙아시아에 뿌리를 둔 라틴계이다. 많은 학생이 개명했고, 자신의 태생적 뿌리에 대해 알지 못하지만 스스로를 '미국인'으로 인식하지 않는다. 그리고 자신은 '흑인', '백인', 혹은 '아시아인'으로 나눈 범주에도 속하지 않는다고 생각한다.

학교는 원래 아코키사족, 아타카파-이샥족, 카란카와족과 사나족26) 등의 소유였던 땅에 자리 잡고 있다. 규모가 더 큰 전통 공립학교인 노스브룩 고등학교와 자원과 학문적 실천을 공유하기 위해 캠퍼스를 같이 쓰고 있다.

하지만 두 학교의 훈육 구조가 달라 서로 마찰이 생기곤 했다. 우리 학교의 훈육은 회복적 정의 원칙에 토대를 둔 반면, 노스브룩은

---

26) 역주: 아코키사족은 아타카파이샥족의 한 분파로, 지금도 텍사스 남동부와 루이지애나 남서부의 상류 해안을 따라 살고 있다. 카란카와족과 마찬가지로 아타카파족은 서로 다른 종족으로 나뉘었고, 공동체는 대부분 서로 다른 강 유역을 중심으로 조직되었으며, 카란카와족과는 다른 독특한 언어를 사용했다.

이전부터 응보적 방식에 좀 더 가깝기 때문이다. 또 하나는 우리 학교가 사회 정의 실현에 초점을 둔다는 것이었다. 이는 보수적인 견해를 가진 사람이 많은 노스브룩 고등학교에서 아주 싫어하는 것이었다.

예를 들어, 노스브룩 고등학교는 우리 학교 벽화에 그려진 허공을 향해 뻗은 주먹이 너무 공격적으로 보인다고 바꿔 달라고 요청을 했다. 그래서 우리는 주먹에 졸업장 하나를 끼워 넣어 노스브룩 고등학교 눈에 벽화가 좀 더 유순해 보일 수 있게 해야 했다.

우리 학교가 특정 그룹의 학생만을 모집한 것은 아니었다. 우리 학교에는 오히려 장애가 있는 학생도 많고, 영어를 별도로 학습해야 하는 학생도 많으며, 학업 성취도의 범위도 넓고 다양했다. 여느 다른 학교처럼, 학생 몇몇은 가족을 부양해야 해서 학교를 중퇴하고 일터로 가기도 했다.

2015년에 브라이언 리드Bryan Reed 교장은 회복적 정의를 지원하고자 나를 학교에 채용했다. 채용 당시 학교는 이미 성인주도의 서클을 하고 있었다. 교직원 회의를 서클로 진행했고, 교사들은 서로를 지지하기 위해 학기 내내 서클을 통해 만났으며, 정기적으로 학생들과 함께 서클을 이끌며 학생 간 관계를 세워가고 있었다. 전체 학생 800명 모두가 적어도 일주일에 한 번, 15분간 1단계 공동체 세우기 서클로 둘러 앉고, 9학년중3 학생은 신입생이기 때문에 한 주에 한 번 더 추가로 관계 세우기 집중 서클을 했다.

나는 학생 중심 회복적 학교를 만들기 위한 회복적 정의 담당교사로 고용되었다. 이를 위해 서클 활동과 더불어 학생과 가족, 교육자에게 강력한 영향을 미치는 압제적 시스템을 깊이 들여다볼 수 있는 교육과정에 뿌리를 둔 회복적 정의 학생 리더십 과정을 제안했다.

리더십 수업

해마다 학생들이 선출한 20명의 학생이 리더십 수업에 참여한다. 이 과정에서 학생들은 서클 진행자가 되는 방법을 배우고, 회복적 정의와 압제 시스템, 정체성과 자기 돌봄을 공부한다. 이 리더십 수업에는 내성적인 학생과 외향적인 학생, 높은 성적을 받는 학생과 낮은 성적을 받는 학생, 행동에 문제가 있는 학생과 그렇지 않은 학생이 모두 섞여 있다.

참여 조건은 오직 하나이다. 정서적으로 성숙하고 열려 있어서, 안전지대를 기꺼이 벗어나 서클에 참여하고, 비밀을 엄수하고, 유해한 사건을 보고하며, 피드백을 받을 수 있어야 한다는 것이다.

이 수업은 경험 중심의 배움이다. 교사가 매일 서클을 활용하는 시범을 보여주고 나면, 학생들이 일주일에 한 번 9학년 학생들과 공동으로 서클을 진행한다. 그 과정에서 학생들은 감옥이나 학교, 지역 사회 단체에서 활동하는 회복적 정의 실천가와 온라인에서 만나고, 지역 내 학교와 기관으로 현장 학습을 나가 다른 사람들에게 회복적 정의를 훈련시킨다. 또 자신의 생활에 관한 이야기를 글로 쓰고 대중 연설을 연습하면서 리더십을 계발한다.

또한, 학생들은 유해한 남성다움, 가족의 가치, 학교에서 감옥으로 직행하는 파이프라인 시스템, 정신건강 등을 주제로 9학년 대상의 서클 진행안을 작성한다.

회복적 정의 리더십 과정:
트레이너로서의 청소년과 교사로서의 청소년

우리는 학생 회복적 정의 프로그램을 얌YAM이라고 부르는데, 이것은 학생 도제식 모델Youth Apprenticeship Model의 줄임말이다. 내가 도제apprentice라는 단어를 선택한 이유는 회복적 정의 훈련 과정은 단순히 돈을 지불하고 진행자faciliatator로서 전문자격증을 받는 것과는 다르기 때문이다. 나는 경험이 많은 서클 진행자인 자넷 코노어Janet Connors의 후견 아래서 작업을 하며, 자넷의 작업을 수십 시간 동안 지켜보기 전까지는 서클을 열고 안전하게 유지하는 방법을 알지 못했다.27)

얌은 회복적 정의에 관심이 있는 학생에게 두 개의 과정을 제공한

---

27) 자넷은 아들이 살해된 후 매사추세츠주에서 피해자-가해자 대화에 참여한 최초의 여성이다.

다. 트레이너 양성 과정과 학생 교사 양성 과정이다.

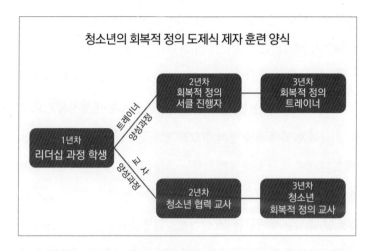

청소년의 회복적 정의 도제식 제자 훈련 양식

트레이너 양성 과정

나는 이 과정을 첫 번째 리더십 과정에 있던 학생들이 2년 차와 3년 차 프로그램을 강하게 요청했을 때 개발했다. 회복적 정의 리더 학생은 나와 함께 서클 교실Peace room에서 피해 회복과 전문적인 서클을 진행한다. 해당 서클은 지지, 치유, 책임을 목적으로 하거나, 정학이나 기타의 이유로 출석을 하지 않다가 학교를 다시 와야 하는 개별 학생을 위한 것이다. 서클 교실은 너무 밝지 않은 조명, 서클로 배치된 의자, 서클 가운데에 놓는 센터피스, 그리기 재료, 스트레스 볼, 책이 있는 마음 챙김 공간으로 이루어져 있다. 학생들은 3년 차가 됐을 때 회복적 정의 트레이너 과정을 지원할 수 있다. 트레이너 과정 학생들은 2년 차인 서클 진행자 과정 학생에게 도제식 교육을 제공한다.

청소년 교사 양성 과정

리더십 과정에 있는 학생 중에 얌트랙의 2년 차 과정에서 가르치기를 원하는 학생은 네 명의 청소년 협력 교사 중 한 명으로 지원할수 있다. 3년 차 청소년 협력 교사는 리더십 과정에서 청소년 회복적정의 교사가 되기 위해 지원할 수 있다. 청소년 회복적 정의 교사는청소년 협력 교사가 글을 쓰고 수업을 진행하도록 코칭하고, 또 9학년 학생들과 함께 하는 서클을 진행하면서 수업에서 학생을 지원한다.

학년 말에 현직 청소년 회복적 정의 교사들이 교사가 되고자 하는청소년 협력 교사 후보자를 인터뷰한다. 현직 청소년 협력 교사는리더십 과정에 있는 예비 청소년 협력 교사를 인터뷰하고 선발한다.리더십 과정 학생들은 차기 리더십 과정 그룹을 인터뷰하고 선발한다. 리더십 프로그램에 받아들일 사람을 선발하는 과정에서 교사는조언은 할 수 있지만 직접 개입하지는 않는다.

이 두 가지 과정에서 중요하게 겹치는 부분이 있다. 청소년 회복적 정의 트레이너들은 여전히 종종 피해 회복, 재통합과 지지를 위한 2단계, 3단계 서클에서 공동 진행을 하고, 청소년 회복적 정의 교사와 청소년 협력 교사는 매일 리더십 과정에서 공동체 세우기 같은 1단계 서클을 진행한다. 이 역할은 분리된 것은 아니지만 양과정을 통틀어 만들어지는 기능을 구분하기 위해 타이틀을 붙인 것이다.

청소년 교사 양성 과정 개발: 사회적 실험

원래 리더십 과정에서는 내가 매일 명상과 체크인을 이끌고 모든 수업 내용을 만들었다. 학생들은 어떤 주제로 토의하고 싶은지 '컨설팅을 받는 입장사다리 이론의 아랫단'이어서 커리큘럼과 현장 학습, 학점에 대한 최종 결정도 내가 했다.

회복적 정의 담당교사로서 3년 차가 되던 해에, 최초의 리더십 그룹에 속했던 엔젤 라구나라는 학생이 와서 수업을 함께 이끌어가고 싶다는 의견을 주었다. 이는 충분히 시도해 볼 가치가 있는 사회적 실험이었다. 학생이 그 코스를 직접 가르칠 수 있다면 이 모델을 다른 곳에서도 사용할 수 있을 것이고, 다른 예스 프렙 학교에서 더 많은 학생 주도 공간을 창조할 수 있을 것이기 때문이었다.

리더십 과정 2.0: 협력 교사로서 청소년

엔젤은 내가 리더십 과정 2.0이라고 칭한 과정에서 첫 번째 리더십 과정의 첫 청소년 협력 교사가 되었다. 2.0 과정에서 나는 출석을 부르고 수업에 관해 조언만 해준 뒤 교실 뒤편에 앉았다. 비유적으로나 물리적으로 나는 그 서클에서 나 자신을 완전히 제거했다. 이 경험을 통해서 엔젤은 활동 전환하기, 학생들이 목소리를 더 낼 수 있도록 격려하기 등과 같이 보다 구체적인 수업 운영법을 배웠다.

3년 전까지만 해도 당시 학년은 두 학년뿐이어서 첫 번째 리더십 과정은 10학년만 참여할 수 있었다. 지금은 10학년부터 12학년까지 리더십 과정에 참여하며 프로그램 연속성이 커졌다. 엔젤은 이 과정에서 세대 간 상호성이 어떻게 전통적인 교사와 학생 사이에 있는 힘의 불균형을 줄였는지 다음과 같이 기억한다.

> 서클수업 시간에 저는 "애들아! 다들 서클로 모이자." 교사로서 말한다기 보다는 가족이나 친구에게 말하는 느낌으로요. 고등학교에서는 위계가 있는 경우가 많아요. "으, 신입생들, 걔네 정말 짜증나." 이런 표현처럼요. 마치 우리가 그들보다는 더 나은 사람이라는 듯이요. 하지만 서클에서는 달라요. 학생들이 가족에 대한 이야기를 듣거나, 나와 똑같은 문제가 있다는 것을 알아가면서, 우리가 한 배를 타고 있는 그런 느낌인 거죠. 동지애가 생겨요.

이 과정은 사회적 실험이었다. 그해 말, 우리는 청소년 한 명이 홀로 가르치는 일은 책임감이 막중한 일이라는 것을 배웠다. 엔젤은

얌YAM의 교사 양성 과정 진화

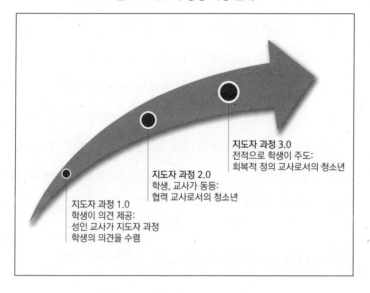

지도자 과정 3.0
전적으로 학생이 주도:
회복적 정의 교사로서의 청소년

지도자 과정 2.0
학생, 교사가 동등:
협력 교사로서의 청소년

지도자 과정 1.0
학생이 의견 제공:
성인 교사가 지도자 과정
학생의 의견을 수렴

커리큘럼을 만드는 데 더 많은 지원이 필요했다고 표현했다.

더 나은 단어를 모르겠어서 이렇게 표현할게요. 좀 겁이 났어요. 아니타 선생님은 처음부터 항상 이런저런 일에 저를 던져 넣었기 때문에 힘들었어요. 친구들이 알아챌 만큼 제가 뭘 하고 있는지 모르는 상황이었죠. 제가 좀 더 지원을 받았으면 했고, 그런 상황이 불편했어요. 서클 수업을 계획할 때 충분히 이해하지 못한 것 같아요. 바인더 안에 읽기 자료가 한 묶음 있었던 게 기억나요. 수업 계획을 너무 유연하게 세운 거죠.

엔젤의 말은 성인 멘토가 청소년을 도제식으로 가르칠 때 기억해야 할 가치를 알려준다. 엔젤이 '완전히 이해하지' 못한 수업을 감당할 수 있었다 해도, 나는 멘토로서 주목받는 자리에 '학생을 던지기'보다는 덜 두려워할 수 있는 위치에 설 수 있게 했어야 했다.

어려움을 통해 배운 후, 다음 해 엔젤과 나는 네 명의 청소년 협력 교사와 한 명의 청소년 회복적 정의 교사를 두기로 결정했다. 다섯 명 모두 일의 부담을 나누고, 가르치는 과정에서 서로 지지해 줄 수 있으리라는 희망을 품었다.

리더십 과정 3.0: 전적으로 학생이 주도하는 단계

엔젤은 레슬리 럭스를 다음 학년의 청소년 회복적 정의 교사로 선발했다. 레슬리는 체계적이어서 신뢰가 갔다. 또 이 과정을 매우 중요하게 여기며 간절하게 가르치고 싶어했다. 나는 서클 교실에서 반나절만 일하고 있어서 레슬리나 다른 청소년 보조 교사를 실시간으로 코칭할 수가 없었다. 청소년 회복적 정의 교사로서 레슬리는 자신이 전담하는 수업에 대한 부담감이 컸다. 게다가 대학에 지원하는 일과 수업 계획을 깜빡한 보조 교사들의 공백을 채워 대신 일해야 했다. 레슬리는 때때로 나를 보러 서클 교실에 들러 코칭을 요청하기도 했다. 레슬리는 이렇게 말했다.

선생님은 종종 협력 교사를 훈련시켜야 한다고 말씀만 하시잖아요. 그들은 선생님과 같지 않아요. 저는 사람들이 저랑 같은 속도로 가는 게 아니라는 것을 잊어요. 선생님! 협력 교사에게 피드백만 주고 그대로 내버려 두면 안 돼요. 몇 개의 선택 사항을 제시해 주고 만약 그래도 잘 안 된다면, 다시 말씀해 주시고 무엇이 효과적인지 파악해 주세요.

베아트리체 마카레노 로드리게즈는 레슬리가 이끌었던 청소년 협력 교사 중 한 명이었다. 베아트리체는 코로나가 유행하던 기간에 청소년 회복적 정의 교사가 되었다. 학교가 온라인으로 운영되는 중이었기에 온라인에서 공동체를 세우고 교육과정을 만들고, 청소년 협력 교사를 코칭하는 법을 배워야 했다. 게다가 우리가 실제로 학교 교정에 있지 않았기 때문에 서클 교실에 들러 내게 도움을 청할 수도 없었다. 우리 프로그램이 사다리 이론 중 '전적으로 학생 주도'인 단계에 놓인 상황이었다.

베아트리체는 컴퓨터 화면을 통해 가르치고 코칭을 해야 하는 어려움에도 불구하고, 자칭 수줍음이 많은 학생에서 교장인 그레그 리틀에게 편안한 느낌으로 다가갈 수 있는 리더로 훌쩍 성장해 있었다. 베아트리체는 몇몇 청소년 회복적 정의 교사가 서클을 취소해 버리거나, 리더십 과정 학생을 진지하게 여겨주지 않는다는 이야기를 들었을 때 좌절하기도 했다. 교장은 나에게 베아트리체가 일하는 방식을 칭찬했다.

"베아트리체가 나한테 일을 줬어요! 하지만 아주 예의 바르고 명료했어요. 베아트리체는 교사들에게 서클의 중요성에 대한 연수를 하고 싶어했어요. 그래서 그렇게 할 수 있도록 하루 시간을 비워 두었지요."

교장은 웃으면서 말했다.

베아트리체는 청소년 회복적 정의 교사로서 자신감을 얻었지만, 코치나 성인의 멘토링이 없는 것에 속상함을 표현하기도 했다.

제가 협력교사일 때는 레슬리에게 배울 때마다 조언을 얻고 좀 더 개선할 수 있는 방법을 듣곤 했어요. 그런데 회복적 정의 교사가 된 지금은 제가 개선할 부분에 대해서 이야기해 줄 수 있는 다른 사람이 없어요.

> ### 청소년 회복적 정의 교사와 함께 일하는 성인 및
> ### 협력교사와 함께 일하는 회복적 정의 교사를 위한 제안
>
> - 학생이 서클 수업을 만들 때 참고할 수 있는 기본 커리큘럼을 제공하라.
> - 정기적 회의를 계획하여 수업 계획과 과정 및 학교 전체 서클에 대한 지속적인 평가를 지원하라.
> - 회복적 정의 교사와 협력 교사들이 잘 지내는지 정기적으로 접촉하고 그들에게 자기 돌봄을 할 수 있도록 상담이나 요가, 명상과 같은 지원을 제공하라.
> - 협력 교사들을 주기적으로 관찰하고 피드백을 제공하라. 회복적 정의 교사와 만나 서클을 진행하는 리더십 과정 학생들을 코칭하라.
> - 교사나 행정실과 소통해야 할 때 지지해 주는 다리 역할을 하라.
> - 리더십 과정을 위해 강사를 초청하는 일과 물품 관련 일을 조율하라.
> - 학생 주도 활동의 중요성을 전달하기 위해 교직원 회의에서 회복적 정의 교사의 활동을 공론화하라.
> - 열의를 고취시키고 가르침을 얻기 위해 졸업생과 만나라.

교육, 그리고 자유

해방을 위한 행동과 책임감은 억압받는 집단이 원하고 필요로 하는 것과 동떨어질 수 없다.　　－엔젤 라구나스, 청소년 회복적 정의 교사

청소년 회복적 정의 교사들이 자율성을 가지고 가르칠 수 있을 때 훌쩍 성장해 가지만 그들에게는 배움과 정서적 건강을 지원해 줄 연장자가 필요하다. 엔젤과 레슬리, 베아트리체는 나와의 인터뷰에서 회복적 정의의 영향력을 최대화할 수 있도록 돕는 교사나 행정가와

전적으로 협력하는 관계를 원했다고 말했다.

레슬리에게 리더십 과정이 해방의 공간을 제공해 주었는지를 물었을 때 이렇게 말했다.

> 부분적으로는요. 해방은 학교 전체에 영향을 미칠 수 있는 행동을 할 수 있는 것인데, 우리는 우리가 할 수 있는 행동에 제한이 있다는 것을 알게 됐어요. 해방을 실천하지 않는 몇몇 교사는 학생의 경험에 제한을 두었습니다.

서클에 '참여하지 않는' 교사들이 책임을 지도록 성인 협력자가 힘을 발휘하지 않으면, 청소년 회복적 정의 교사가 리더십 과정 학생들을 준비시키고, 서클 진행안을 쓰고, 또 스태프와 서클 진행 외 다른 전반적인 준비 및 과정을 조율하느라 애쓰는 과정에서 보람을 느끼지 못한다.

청소년 회복적 정의 교사의 장기적인 영향력도 회복적 정의의 실천을 지지하지 않는 좀 더 넓은 범위의 분위기 때문에 제약을 받기도 한다. 우리 학교도 나를 회복적 정의 반일제 수업을 위해서만 채용할 수 있었다. 또한, 우리 학교 모델은 파트너 고등학교에는 침투하지 못했다. 그 학교의 새로운 교장은 우리가 잘 정립한 프로그램에서 배출한 사람들과 상의하는 대신, 외부 기관에서 회복적 정의 교육을 받기로 결정했다고 말했다. 뿐만 아니라, 우리가 속한 학군이 회복적 정의를 적용하는 것에 열려 있었는데도 얌은 예스 프렙 말고는 어디에서도 실행된 적이 없다.

엔젤은 해방을 위해 실천하는 회복적 정의는 '억압받는 그룹'과 함께with 진행해야 하는데, 텍사스 교육청은 그 철학을 청소년에게 to 진행해야하는 '회복적인 훈육'으로만 제한하고 있다고 생각한다.

나와 레슬리와 엔젤, 베아트리체와 다른 얌 졸업생들은 서로가 함께 더불어 공동체 구성원에게 회복적 정의를 훈련시키며 삶에서 해방을 실천하고 있다.

우리는 서클에서 서로 체크인을 하고 좋았던 일을 축하하고 어려운 일을 나눈다. 시간이 지나면서 리더들은 묻지도 않고 내 이름을 편하게 부르기 시작했는데, 나는 그것이 행복했다. 몇 년 후면, 얌 졸업생들은 교사와 사회 활동가, 법률가와 조직가가 될 것이며, 나는 그들이 뒤에 오는 사람을 위해 문을 열어줄 것이라 믿는다.

우리의 구호인 '교육, 자유'가 우리 교정이나 지역 전체에 침투하지는 못했지만, 이 젊은 리더들은 학교에 다니는 것과 진정한 교육에는 분명히 차이가 있다는 것을 다시 상기시켜 주었다. 진정한 교육은 모든 곳에서 모든 순간 일어나며 그런 의미에서 우리는 자유다.

7장

팔란테를 지켜라!:홀리오크에서의 집단해방

에블린 아키노

자유를 위해 싸우는 것이 우리의 의무입니다. 이기는 것
이 우리의 의무입니다. 우리는 서로 사랑하고 지지해 주
어야 합니다. 우리는 사슬 말고는 아무것도 잃을 것이 없
습니다!
— 아사타 샤쿠르(Assata Shakur)28)

학생들은 서클을 닫을 때 사랑과 공동체에 대한 이 말을 제창한
다. 구령과 응답식으로, 한 번은 스페인어로, 그 후 세 번은 영어로
하는데, 조금씩 더 많은 에너지를 담아 더 크게 말한다. '자유를 위
해 싸우는 것이 우리의 의무입니다. 이기는 것이 우리의 의무입니
다. 우리는 서로 사랑하고 지지해 주어야 합니다. 우리는 사슬 말고
는 아무것도 잃을 것이 없습니다!'

자유 투쟁가이자 활동가, 전 블랙 팬서Black Panther였던 샤쿠르
Shakur가 한 이 강력한 말은 팔란테Pa'lante 활동의 토대에 있는 자유

---

28) Zammataro. "Assata Shakur, Always Welcome." The Advocate, March 9, 2021. https://
gcadvocate.com/2017/06/21/assata-shakur-always-welcome/

의 비전을 담고 있다.

팔란테는 메사추세츠 주 서부에 있는 홀리오크 고등학교에서 진행되는 청소년 주도 회복적 정의 프로그램이다. 이 학교는 포컴투크와 니푸크랜드에 있으며, 학생 80%가 라틴계다. 팔란테라는 말은 영 로드Young Lords라는 조직 때문에 유명해진 구절이다. 영 로드 조직은 푸에르토리코인들이 주를 이룬 젊은 유색인 활동가 단체로, 60년대에 그들이 살던 도시 지역 사회에서 의식을 높여 비인간적인 조건을 변화시키기 위해 싸웠다. 그들의 신문 제목이기도 한 팔란테는 '앞으로 나아가기'라는 의미이며, 유색인 젊은이들이 변화를 위해 함께 뭉치면 어떤 것이라도 가능하다는 것을 우리에게 상기시킨다.[29]

이 장에서, 팔란테의 여정 이야기는 청소년 주도 프로그램이 세대 상호 간 자문단의 지지를 받으면서 청소년들이 서클 진행자로서, 연구자로서, 스태프로서 성장하는 데 어떻게 기여하는지를 보여준다.

특히 연구자로서 청소년의 역할과 지역 사회의 복지와 해방에 기여하는 기회로서 청소년 펠로우 및 동문을 참여시키는 독특한 세대 간 이사회에 중점을 둔다.

이 장은 현재 내가 팔란테의 조감독이기 때문에 개인적으로도 의

---

[29] "About." Palante. Accessed July 1, 2021. https://palante홀리오크.org/about

미가 있다. 나는 이 지역에서 자란 푸에르토리코, 도미니카 여성의 렌즈를 통해 이 활동을 들여다보고, 학생의 생생한 경험과 현실을 공감할 수 있었다. 학생들의 경험이 바로 내 경험과 현실을 거울 비추듯 반영한 것이기 때문이다.

홀리오크의 역사와 팔란테

홀리오크는 섬 외곽에서 가장 큰 푸에르토리코 공동체 중 하나이며, 다른 라틴 아메리카 국가에서 온 사람들도 이곳을 고향이라고 부른다. 홀리오크는 인구의 대부분이 이민자 커뮤니티로 모집된 역사가 있다. 이민자들은 푸에르토리코의 사탕수수밭과 유사하게, 노동부의 지침을 따르는 담배 농장 노동 프로그램Farm Labor Program을 통해 채용돼 이곳에 왔다. 한편, 아일랜드와 폴란드 이민자들은 수세대에 걸쳐 홀리오크에서 살았지만, 대개 밭에서 일하지 않았던 그 지역 사회의 중상류층에 동화되며 자리 잡았다.[30]

아일랜드 이민자들은 도시의 산업화 시대에 발전한 회사와 공장의 관리자와 사장이 되었다. 인종적으로 편중된 기회는 '언덕 위에 사는' 부유한 백인 아일랜드인과 복잡한 '단층건물'의 공장 근처에 사는 노동 계급인 푸에르토리코인의 사이에 강한 분열을 만들었다.

---

30) Springfield, MA—Our Plural History. Accessed June 30, 2021. http://ourpluralhistory. stcc.edu/industrial/irish.html

산업화 시기에 홀리오크에는 많은 제분소와 공장이 발달했는데, 특히 종이 분야의 발달로 '페이퍼 시티'라는 별명으로 불렸다. 그 시기 많은 농장이 문을 닫기 시작하면서 농장에서 일했던 노동자들이 공장에 고용되었다. 그러나 그 후 국가 산업이 해외로 옮겨가면서 이 지역에는 많은 실업자가 생겼고, 빈곤 수준도 올라갔다.

서로 다른 이민자 그룹 간의 사회 경제적, 인종적 분열은 교육 시스템의 불평등을 야기했다. 홀리요크 공립 학교들은 평균 이하의 졸업률, 높은 정학률, 낮은 표준화 시험 점수로 명성이 자자했고, 급기야는 주에서 학교를 인수하기에 이르렀다.[31]

행정부는 학교에 상주하던 십대 클리닉 치료사인 루크 우드워드 Luke Woodward와 학생들, 여러 교사의 추천으로 수차례 징계 위탁을 받은 청소년을 지원하기 위한 대안을 찾기 시작했다. 전통적인 훈육과 정학의 해로운 결과에 관한 많은 연구와 데이터를 수집한 후, 그들은 회복적 정의를 탐구해 보기로 했다.

학교에 내재한 제도적 인종 차별이 사회역학 관점[32]에서도 보이기 시작했다. 팔란테는 학교 내 구조적 불의를 해결하기 위해 자금을 지원받은 도시의 몇 안 되는 조직 중 하나가 되었다. 청소년이 주도하는 회복적 사법 프로그램을 만들기 위한 보조금을 받은 후, 팔

---

31) 홀리오크, MA—홀리오크 Public Schools, July 20, 2021. https://www.hps.Holyoke.ma.us/

32) 역주: 건강에 영향을 미치는 사회구조, 제도, 관계등을 추적하는 학문

란테가 탄생했다.

팔란테가 지키는 가치

팔란테는 문화와 공동체의 힘을 활용하여 학생과 그 가족의 복지를 저해하는 구조적 정책의 해로운 영향을 명명하고 해결한다. 팔란테의 구체적인 임무는 '청소년의 힘을 구축하고, 청소년의 목소리를 중심으로 하며, 홀리오크와 그 너머에 이르기까지 학교에서 감옥으로 직행하는 파이프라인을 적극적으로 해체하는 학교 규율 및 교육 정책과 관행을 조직하는 것'이다.[33] 팔란테는 직접적으로 아래 네 가지 가치를 핵심가치로 말하고 있지 않지만 팔란테가 서클에서 센터피스에 장식하는 다음 네 가지 상징물을 통해 추구하는 목표를 살펴볼 수 있다.

청소년을 중심에 두기

팔란테 활동은 청소년이 중요하게 생각하는 일에 우선순위를 둔다. 학교와 정책의 불공정함이 그 예이다. 센터피스에는 가운데에 촛불을 두고 손을 맞잡고 있는 어린이들의 동상을 놓아 청소년의 집단적인 힘을 표현했다.

---

33) "About." Palante. Accessed June 30, 2021. https://palanteHolyoke.org/about

자아와 공동체의 변혁

학생은 자신에게 영향을 미치는 문제에 목소리를 낼 때, 자기 표현과 작업을 선명하게 드러냄으로써 서로에게 영향을 줄 수 있다. 센터피스 천은 나비 그림이 가득한 아프리카 섬유 소재며, 이는 서클의 뿌리가 선주민이고 이주와 자아와 공동체의 변혁을 의미한다.

억압적인 시스템에서 해방

가장 말단에서 차별적 관행을 받아온 청소년은 자신의 교육과 미래의 삶을 요구하는 입장을 취한다. 센터피스에는 팔란테라는 이름의 영 로드 신문 사본과 블랙 팬서 조직을 대표하는 책이 포함되어 있다. 이는 팔란테를 해방 운동의 역사와 연결하고, 지역 사회에 부정적인 영향을 미치는 문제에 관해 지역 사회를 교육하고 활력을 불어넣기 위해 청소년이 어떻게 미디어를 사용할 수 있는지를 상징한다.

공동체

팔란테의 문화와 작업은 모든 사람의 인간성, 존엄성 및 주권을 존중하고 피해를 복구하는 것부터 승리를 축하하는 것까지 그들이 하는 모든 일에 필수적인 선주민 서클 프로세스에 뿌리를 두고 있다. 이는 청소년과 지역 사회, 교육자, 성인이 함께 일하며 자기 자신 안에서, 또 집단적으로 조화를 회복하는 작업이다. 팔란테 리더들은 사이라 핀토 박사, 해롤드 가텐스비와 필 가텐스비, 호세 루고, 별칭이 '노함'인 롤프 카챗실링과 그웬 존스를 포함한 여러 선주민 어른들에게서 가르침을 받았다.

팔란테의 회복적 정의에서 청소년 참여 영역

팔란테의 회복적 정의 실천에는 청소년이 또래 리더, 청소년 참여 실행연구youth participatory action research, 직원으로 참여한다.34)

청소년 서클 진행자에 대해서는 이 책의 다른 사례 연구에서 자세히 논의되기에 나는 또래 리더가 청소년 참여 실행 연구를 통해 회복적 정의에 대해 좀 더 깊이 참여하는 법과 동문 전문가로 고용될 수 있는 리더십 파이프라인의 구성원에 더 중점을 둘 것이다. 그런 다음 회복적 정의 활동 및 청소년 리더, 세대 간 자문 위원회의 지속 가능성에 기여한 팔란테 조직 구조의 독특한 측면을 조명해 보겠다.

또래 리더 개발

팔란테는 서클의 선주민 뿌리를 존중하며 되도록 다른 기관과의 서클 공동 진행을 의도적으로 피했다. 팔란테 또래 리더들은 회복적 정의, 서클, 민족학, 정치 교육, 공동체 구축 및 리더십 기술을 다루는 여름 프로그램에 참석한다. 참가자 대다수는 라틴계이며 아프

---

34))"About." Palante. Accessed June 30, 2021. https://palanteHolyoke.org/about

리카계 미국인과 백인 학생이 일부를 차지한다. 관리자와 교사들은 또래 리더들에게 피해 및 치유 서클을 열어줄 것을 요청하며, 홀리오크 고등학교와 조직 전체에서 커뮤니티 구축 및 애도 또는 축하 서클을 열기도 한다.

청소년 참여 실행 연구

팔란테는 창립 이래 또래 리더들에게 청소년 참여 실행연구에 참여할 기회를 제공하기 위해 노력해 왔다. 이 연구 방법론은 불평등의 영향을 받는 사람들이 연구의 '대상'이 되는 것이 아니라, 스스로 연구자가 되는 것이다. 팔란테는 대학과 근접하고, 안토니오 니에브 마티네즈와 제리카 코피같은 학자와 친분이 있어 개발에 많은 지원을 받았다.

청소년 참여 실행연구는 연구 참가자에게 그들이 생각하는 문제와 문제의 근본원인을 물어 1차 데이터를 수집한다. 그다음, 공동으로 적합하다고 생각하는 문제 해결을 위한 행동기반 접근방식을 수립한다.

청소년은 설문 조사, 인터뷰 및 스토리 텔링을 포함한 다양한 연구 방법론을 배우고, 자신, 동료, 지역 사회를 연구 참가자로 포함하여 그들의 관점을 데이터화 하고 결론에 포함시킨다.

이 과정에서 결과는 모든 참가자 및 지역 사회와 상세하게 공유되어 청소년들이 탐구하기로 선택한 주제에 대해 모두가 더 깊이 이해할 수 있게 된다. 청소년들은 그들이 발견한 것을 토대로 변화를 만들기 위해 실행에 옮긴다.

청소년 참여 실행 연구의 예: 홀리오크 고등학교의 인종 차별 문제 해결

팔란테의 청소년 참여 실행연구 프로젝트 중 하나는 홀리오크 고등학교의 '인종 차별 감사'였다. 이것을 통해 청소년들은 그들이 어떻게 인종 차별을 경험했는지를 설명하고 학교를 변화시키기 위해 가능한 전략을 분석했다. 또래 리더들은 먼저 연구 질문을 분명히 했다.

1. 홀리오크 고등학교에서 인종 차별은 어떤 방식으로 작동합니까?
2. 홀리오크 고등학교에서 다른 인종적 정체성은 어떻게 대표되거나 혹은 대표되지 않습니까?

그런 다음 그들은 이러한 질문에 대한 답변을 수집하기 위해 세 가지 방법론을 선택했다. 자문 기간에 학교 전교생을 대상으로 설문조사를 하고, 학생들의 경험을 인터뷰했으며, 학교 전체에서 다양한 인종과 민족 그룹이 어떻게 대표되거나 대표되지 않는지를 사진을 찍어 기록했다. 그들은 보고 들은 것을 분석했으며, 주요한 발견을 네 가지로 요약하였다.

1. 건물 내 사진 및 영상물은 대부분 백인과 남성이었다.
2. 스페인어를 사용하는 학생은 존중받지 못했으며, 종종 영어로만 말하라는 지시를 받았다.
3. 대학 진학 준비 과정과 클럽의 리더십 직책에 유색인 학생 대표 수가 실제 필요한 수보다 적었다.
4. 인종과 인종주의 문제를 다루는 커리큘럼을 학생들이 접할 수 없었다.

또래 리더들은 위 문제를 해결하기 위한 제안 사항을 다음과 같이 제시했다. 모든 학생을 위한 민족 연구 확대, 학생들과 압도적으로 다수를 차지하는 백인 교직원 간의 관계 강화, 이중 언어bilingual 사용 장려, 학생 조직 및 대학 준비 과정을 소개하는 사진에 유색인 학생 사진을 보다 공평하게 사용하는 것을 보장, 학교 벽 전체에 학생 전체 사진이 걸리는 것을 제안했다.

특히 대다수 학생회에 인종, 민족, 성별 및 경제적 배경에 대한 대표성이 눈에 띄게 부재한 것에 대응하여, 또래 리더들은 라틴계, 흑인, 퀴어 및 노동 계급인 사람을 포함하여 지역 사회의 복지를 지원한 영웅들인 '숨겨진 전설'이 누구인지 알아내기 시작했다. 그들은 또한 자신이 성공했다고 여기는 지역 사회 구성원을 찾았다.

지역 사회와 학생들이 함께 한 인터뷰와 이야기를 통해 팔란테는 공동체와 홀리오크를 더 나은 곳으로 만들기 위해 노력한 과거와 현재의 지도자를 찾아냈다. 팔란테는 숨겨진 전설들을 기리는 커뮤니티 축하 행사로 연구를 마쳤다. 시와 '홀리오크 주민의 소속감과 문화적 자부심 고취'를 위해 시작한 엘 코라손 프로젝트35)와 함께 팔란테는 활기찬 중심 시가지를 따라 그들이 발견한 전설들의 사진이 담긴 깃발이나 표지를 세웠다. 요즈음에는 거리를 운전해서 가다 보면 홀리오크 커뮤니티의 성장과 생존에 중요한 역할을 한 구성원들의 사진과 이름을 많이 볼 수 있다.

2020년부터 2021년까지 학생들은 학교에 새로 생긴 민족 연구학부서와 협력하여 모든 홀리오크 고등학교 학생이 졸업 요건으로 민족 연구 수업을 수강하도록 요구하는 캠페인을 벌였다.

팔란테는 또한 '배회 금지' 표지판이 주는 불평등 메시지에 대해서도 언급했다. 이 표지판은 영어가 아닌 스페인어로 써있어서 스페인어 사용자만을 향한 지시를 의미했기 때문이다. 행정실과 많은 심의를 거친 후, 팔란테는 공동체 정신으로 함께 모여 의식을 갖추어 표지판을 내렸다. 그리고 그날, 우리는 바로 이곳에 속하며 우리의 성공에 대해 인정받을 자격이 있다는 성명을 발표했다.

---

35) "El Coraz n / The Heart of 홀리오크," Patronicity. Accessed June 30, 2021. https://www.patronicity.com/project/el_corazn the_heart_of_Holyoke

청소년참여 실행연구에서 청소년과 함께 일하기 위한 제안	청소년참여 실행연구에서 성인과 함께 일하기 위한 제안
• 학생들이 자신들의 실제 관심사를 탐색하고 목소리를 낼 수 있도록 허용하라. • 여러 연구 방법을 도입하는 참여적인 YPAR 프로세스를 가르쳐 주어라. • 청소년들의 언어를 사용하여 그들의 목소리를 충실하게 표현하게 하라. • 자원(음식, 인쇄, 기술 등)을 제공하라. • 학습 내용에 대한 질문을 통해 학생들을 지원하라. • 재미있게 하라.	• 진정성 있게 참여하고 진실을 말하라. • 질문을 하라. • 당신의 안전 지대에서 벗어나라. • 시간을 내어 연구 방식을 배워라. • 모두의 목소리와 관점을 연구에 포함하도록 노력하라. • 책임감 있게 일하라. 당신은 팀의 일원이다. • 창의력을 발휘하라. • 재미있게 하라.

리더십 파이프라인 및 동문 전문가 프로그램

팔란테는 전문가 프로그램 및 기타 직원 직책을 통해 또래 리더 졸업생을 고용할 수 있는 실행 가능한 통로로서 학교 리더십 파이프라인을 개발했다. 사람의, 사람을 위한, 사람에 의한 리더십을 지원함으로써 그 역할을 다하고자 노력하는 팔란테는 청년들이 직원으로서 리더십을 발휘할 수 있도록 조직 역량과 시스템을 구축하고 있다.

> 또한 우리는 유색인종과 관련된 사진 대부분에서 노예나 전쟁 포로 수용소 같은 피지배적 위치에 있는 유색인종이 등장한다는 것을 발견했습니다. 그것은 역사의 중요한 부분일 수 있으나, 유색인종 청소년에게 영감을 주지는 않습니다. 그 사진은 유색인종 청소년에게 그들이 언젠가 높은 곳에 있을 수 있다고 위대한 일을 할 것이라고 말하지 않습니다.
>
> ―케이틀린, 회복적 정의 활동 동문

전문가 프로그램에서 졸업생들은 학교 전체에서 서클을 열고, 또래 리더 그룹을 지도하고, 어린 학생에게 리더십 위치에서 자기 자신을 볼 기회를 제공한다. 이 프로그램은 또한 전문가가 성인으로 자라감에 따라 직업적으로, 개인적으로 성장할 수 있도록 지원하기도 한다.

팔란테 또래 리더들 및 전문가들은 회복적 정의의 탁월한 리더로서 북동부 지역에서 많은 찬사를 받았으며, 청소년과 성인에게 회복적 및 변혁적 정의, 선주민 서클 프로세스, 프로그램 개발 교육을 제공하고 있다. 그들은 함께 일일 행사를 조직하고 지역 사회에서 팔란테를 대표하는 패널로 연설하기도 한다.

커뮤니티 자문 위원회

팔란테의 가장 중요한 메커니즘 중 하나는 특히 커뮤니티 자문 위원회Community Advisory Board를 통해 청소년 주도 프로그램을 지원하는 세대 간 접근 방식이다. 나는 2018년에 팔란테 커뮤니티 자문 위원회에 열정적으로 합류했다.

커뮤니티 자문 위원회는 팔란테 졸업생, 팔란테 또래 리더의 부모, 시 공무원, 활동가 및 팔란테의 작업을 지원하기 위해 모인 교육자로 구성된다. 커뮤니티 자문 위원회는 팔란테의 작업 및 청소년 주도 연구 프로젝트에 대해 지원하고, 학생들을 범죄화하는 것을 멈추기 위한 역할을 담당하고 목소리를 내고 있다.

커뮤니티 자문 위원회 회원은 지지 서한에 서명하고, 학교 위원회 회의에 출석하여 발언하며, 학생들이 고등학교 경험과 고등 교육 및 삶의 다음 장을 탐색할 때 그들에게 멘토가 되어주기도 한다. 커뮤니티 자문 위원회 회원들은 한 달에 한 번 만나 학생과 교직원 및 자원 봉사자의 근황을 듣고 지혜와 자원을 공유하며 커뮤니티를 위해 일한다. 서클을 하며, 자치성과 관계와 상호 연결성을 키워가고 있다.

커뮤니티 자문 위원회의 지원을 통해 팔란테는 역사적으로 라틴계 커뮤니티에 억압적이었던 시스템을 변화시키고, 홀리오크 고등학교와 커뮤니티에서 학교에서 감옥으로 가는 파이프라인을 해체하기 위해 계속 활발히 작업하고 있다. 학생과 졸업생, 그리고 그들을 믿는 어른들의 강력한 리더십을 지원함으로써 그들은 회복적 정의와 선주민 서클 프로세스의 힘과 원칙을 실천하며 살아내고 있다.

결론

프로그램의 동문들은 다른 리더십 직책을 맡아 홀리오크에서 회복적 정의 운동을 계속하고 있다. 프로그램 졸업생은 이제 풀타임 회복적 정의 담당 직책을 맡아 서클 요청에 대한 프로그램 응답을 조정하고, 또래 리더가 서클을 준비, 진행, 성찰 및 후속 조치를 수행하도록 코칭한다. 다른 팔란테 졸업생도 새로운 커뮤니티 자문위원회 담당자로 고용되어 팔란테의 이사 및 보좌관과 협력하여 이 사회의 참여 및 개발을 지원하고 있다.

세대 간 파트너십은 문화와 공동체를 중시하며 가장 크게 영향을 미치고 있는 시대의 문제를 밝힌다. 우리에게 서클로 청소년을 지지하고 신뢰하는 연합된 공동체의 모습을 보여주며, 우리를 새로운 정의로 이끌고 있다.

팔란테는 함께 구축하고, 함께 연구하고, 함께 조직하고, 함께 슬퍼하고, 함께 치유하고, 함께 축하한다. 또한, 해방을 향해 공동체적으로 움직이며 계속 번영한다.

세대 간 자문 위원회 개발을 위한 팁

- 회복적 정의 운동을 지원하기 위해 노력하는 다양한 지역 사회 구성원을 모집하라. 학부모, 사업주, 교직원, 지역 사회 활동가, 기부자, 졸업생, 또래 리더를 포함하라.

- 회원들이 약속을 이해할 수 있도록 지침을 개발하라.

- 정기적인 모임 날짜를 정하라.

- 지역 사회 또는 학교의 중심 위치에서 만나라.

- 이메일 또는 소셜 미디어를 통해 회원과의 소통을 유지하라.

- 반드시 모든 사람이 이해할 수 있는 용어를 회의에서 사용하라.

- 필요하다면 번역을 제공하라.

- 필요하다면 음식과 아이 돌봄을 제공하라.

- 프로그램 및 실행 가능성에 대한 업데이트를 제공하라.

- 회원들이 행사, 발표, 위원회, 멘토링 등을 통해 프로그램에 참여할 수 있도록 기회를 제공하라.

8장

'우리' 없이는 '우리에 관한 것'도 없다: 청소년, 정의, 단합

잇자마르 카르모나 펠리페, 헤더 블라이 맨체스터

회복적 정의 연말 행사에서 청소년은 가족에게 촛불을 건네주며 자신의 길을 밝혀준 것에 감사를 표현한다. 5학년과 8학년 진급 학생은 무대에 올라 다음 캠퍼스에서 그들을 지원해 줄 고학년 학생에게 토킹 피스를 받는다. 가족과 회복적 정의 커뮤니티는 꿈꾸고, 붙들고, 서로를 지지하는 것이 우리의 공동 책임이라는 것을 상징하는 의미로 졸업생 주위를 서클로 선다.

오클랜드 통합 교육구OUSD:Oakland Unified School District에서는 2011년 중학교에서 회복적 정의 청소년 참여가 시작되었다. 중학생 리더가 고등학교로 진학하고 성인 회복적 정의 진행자와 함께 초등학생을 훈련하면서 회복적 정의 생태계를 확장했다. 이제 청소년은 서클 진행자, 커리큘럼 개발자, 트레이너, 교사, 또래 리더, 의사 결정 기관의 대표, 정책 작성자 및 학교 안팎의 조직자이다.

매년 초등학교부터 고등학교까지 450명의 또래 회복적 정의 리더가 공평한 학교를 위해 노력하면서 훈련 멘토링 지원을 받고, 계속 확장 중인 졸업생 및 커뮤니티 구성원으로 이루어진 회복적 정의 네트워크에 연결된다. 청소년은 오클랜드 통합 교육구에서 성인보다 더 많은 시간을 보내며, 학군 내에서 회복적 정의를 확장하는 핵심 촉매제 역할을 하고 있다.

이 장에서는 회복적 정의 청소년 참여를 통해 교육을 변화시킨 중추적인 역할, 즉 직원으로서의 청소년, 의사 결정 기관의 청소년, 조직자로서의 청소년을 탐구한다. 우리는 이러한 역할을 통해 청소년들이 성인 주도의 기관과 정책에 침투하고 권력을 이동하며 집단적 해방 의식을 구축하고 있다고 믿는다. 이 장은 오클랜드 통합 교육구의 재학생, 동문 및 원로들의 협력, 그리고 오클랜드와 오클랜드 통합 교육구의 집단적 경험과 참여를 토대로 작성되었다.36)

우리는 허키운Huchiun 영토에 있는 올로니Ohlone 사람들의 땅에서 서클로 둘러 앉아 선주민의 대량 학살과 지속적인 말살로 인한 미해결 역사적 피해를 치유하는 것이 교육 기관 및 기타 기관 안팎에서 우리가 해야 하는 지속적인 작업임을 다시 한번 강조한다. 우리

---

36) The following Oakland RJ Practitioners contrib-uted through interviews, as thought partners and editors to chapter 10 and 11: Nidia Baez, Meesh Cabal, Martha Calmo, Griffen Castillo, Sandy Chales, Tatiana Chaterji, Denise Curtis, Arnoldo García, Ta Biti Gibson, Natalie Gallegos Chavez, Fatima Gutierrez Ramirez, Brian Gil-Ríos, Juan Guillermo Pablo Matías, LeAna Hudson, Chen Kong-Wick, Linh Le, Aurora López, Ana Méndez, Vida Mendoza, Yota Omo-Sowho, Drew Owens, Samantha Pal, Jonathan Piper, Dani Primous, Maida Quintero Medrano, Siurave Quintanilla Vasquez, and Teresa Sot.

공동체에서 일하는 3세대 이상의 회복적 정의 실무자를 대표하여, 우리를 가르치고 회복적 정의 청소년 참여 작업의 토대를 마련했던 운동으로 이야기를 시작해보려 한다.

우리보다 앞서 온 운동에 뿌리 내리기

오클랜드의 토양은 청소년 리더와 회복적 정의에 대한 청소년 참여가 활발해질 수 있는 좋은 환경을 제공했다. 오클랜드는 블랙 팬서의 발상지로서 블랙팬서는 투쟁, 저항, 꿈과 동맹 구축이라는 기반 위에 세워졌다. 60년 넘게 오클랜드 지역은 민족학과 아시아 태평양 섬 주민, 흑인 권력, 치카노, 시카나37) 아메리칸 인디언 운동과 투쟁이 활발했다. 1990년대 중반과 2000년대 초반에 걸쳐 불법 이민자의 권리를 박탈하고, 청소년을 범인 취급하고, 차별 철폐 조치를 철회하려는 캘리포니아 법에 반대하여 젊은이들이 함께 모여 조직을 꾸렸다.

서클은 학교에서 회복적 정의 운동으로 알려지기 이전에 이미 오클랜드 전역에 걸쳐 실천되었다. 서클로 지역 사회와 청소년의 선대의 끊겼던 역사가 이어지고 있다. 처음부터 서클은 유색인종 학생들 사이에서 시작됐다. 오클랜드 통합 교육구에 속한 청소년 조직은

---

37) 역주:남성형/여성형: 치카노 또는 치카나는 미국에 거주하는 멕시코계 사람 중 특정 정치 의식을 가지고 정체성을 공유하는 이들을 일컫는 표현이다. 주로 도심지에 거주하며 강력한 민족 의식을 기른 1세대 또는 2세대 멕시칸-아메리칸 이민자 공동체를 말한다. 출처: 위키백과

의미있는 학생 참여the Meaningful Student Engagement Department라는 조직을 창설했고, 이 부서는 불평등과 불의에 직접 맞서도록 학교 시스템을 변화시키기 위함이었다.[38] 의미있는 학생 참여 조직은 지역사회의 문제에 깊이 관여하는 국가 모델이다. 오클랜드 통합 교육구의 대다수인 유색인종 학생역사적으로 교육 시스템에서 주변부에 머물러 있었던의 필요와 문화적 현실을 반영한다.

오클랜드의 회복적 정의에 대한 커뮤니티 비전과 이러한 운동의 뿌리가 결합하여 의사 결정 기관의 직원 및 조직자로서 청소년을 지원하기 위해 세대 간 파트너십의 토양을 마련했다.

직원으로서의 청소년: 인턴 및 전문가

> 내가 서클 진행자로서 어른들을 가르치던 순간이 있었습니다. 그것은 강렬하고 특별했습니다.… 나는 지금까지 한 번도 그런 리더가 되어본 적이 없습니다. 청소년이 성인을 가르치는 교사가 될 수 있다고 깨닫지 못했습니다. 그러나 우리는 서로에게서 배울 수 있습니다. 청소년은 성인에게서, 성인은 청소년에게서 배울 수 있습니다.
>
> ─샌디 찰스, 회복적 정의 학생 고문, 동문

2015년 고등학생과 졸업생을 위한 회복적 정의 인턴십 프로그램은 회복적 정의 팀이 지역 교육구 전체의 의사 결정 기관에서 공동

---

38) "Student, Family & Community Engagement Office: Student Engagement. Accessed June 30, 2021. https://www.ousd.org/Page/15546

트레이너로서 청소년과 협력할 수 있는 구조와 경로를 만드는 방법을 모색하면서 등장했다. 기존의 학업 및 여름 유급 인턴십 구조를 사용하여 청소년들을 채용했다.

인턴십 프로그램은 적절한 작업 공간 제공, 명함 작성, 인턴 직함을 회복적 정의 학생 고문으로 변경하여 성인이 지배하는 공간에서 청소년에게 더 많은 권한을 부여하는 등 권력을 공유하는 구체적인 방법을 구축했다. 회복적 정의 학생 고문은 회복적 정의에 대한 훈련과 코칭을 받았으며, 센터 직원으로 합류하여 또래 회복적 정의 리더의 목소리를 대표했다. 인턴들의 초점은 매년 다른 듯 보였지만, 커리큘럼과 워크숍을 개발함에 따라 서로의 작업을 기반으로 발전해 갔다.

이 인턴십은 많은 학생들이 회복적 정의 활동을 확장하고 문화와 공동체를 연결하는 발판을 되었다. 2017년 여름, 회복적 정의 학생 고문인 샌디 찰스와 마르타 칼모는 93-94쪽에 제시하는 팁에 따라 청소년과 성인 파트너십 워크숍을 두 차례 진행했다.

샌디와 마르타는 학생 리더 간 서로를 알아가고 올해의 공유된 가치를 만들 수 있도록 공동체 구축 서클을 개최했다. 이 서클은 요타 오모소후Yota Omo-Sowho가 나이지리아에서 웨스트 오클랜드로 이사한 이후 경험한 첫 번째 서클이었다. 요타는 다음과 같이 회고했다.

새로운 집과 새로운 교육 시스템을 탐색하는 것은 믿을 수 없을 정도로 어려웠습니다. 그런데 회복적 정의 공동체 구축 서클에 처음 앉았을 때 모든 것이 바뀌었습니다. 그때 저는 처음으로 이 나라에서 진정으로 평화롭다고 느꼈습니다.[39]

그녀는 그때를 이렇게 회상한다.

나는 서클에서 가족과 이야기에 연결되는 무언가를 찾을 수 있었습니다. 여기에 오기 전부터 나의 조상과 많은 사람의 조상이 서클로 둘러 앉아 있었고 그들의 지혜가 나를 인도했습니다. 그것은 나의 이야기일 뿐만이 아니라, 서로 연결되어 있다는 것을 알게 했습니다. 서클은 연결된 끈을 튼튼하게 만듭니다. 나는 서클에 있을 때 조상들이 안내하는 것을 느낍니다.

요타는 오클랜드 통합 교육구에서 회복적 정의의 강력한 옹호자 중 한 명이자, 학생 고문, 중학교 회복적 정의 지도자를 위한 코치가 되었다. 그 중학교 회복적 정의 리더 중 다수는 현재 고등학교와 오

---

39) Omo—Sowho, Yota. 2019. "All City Council Student Director Report (Item K.190122)". Speech, OUSD Board of Education Meeting 2–13–19, 2019. http://ousd.legistar.com/gateway.aspx?M=F&ID=90660.pdf

클랜드 전역에서 실무자로 활동하고 있다.

샌디와 마르타가 열었던 서클은 뒤에 오는 다음 세대의 리더들을 지원하는 파급 효과를 만들었다. 몇 년 후, 졸업생으로서 샌디와 요타는 최초로 삼중 언어마야어, 스페인어, 영어로 고등학교 회복적 정의 교육을 공동 진행하며 회복적 정의 리더십의 새로운 흐름을 이끌었다.

회복적 정의 동문 이야기전문가 이야기
– 이차마르 카르모나 펠리페

제 중학교인 웨스트레이크Westlake와 파트너 관계를 맺고 청소년 참여 회복적 정의 프로그램 관리자인 헤더Heather와 함께 회복적 정의 수업을 할 기회가 생겼습니다.

저는 중학생들과 함께 일하는 것을 좋아했지만, 저의 회복적 정의 훈련과 전반적인 진행 기술을 그다지 확신하지는 못했습니다. 교육이 끝나면, 우리는 서로에게 피드백을 주고 무엇이 효과가 있었고 무엇을 변경해야 하는지에 대해 검토했습니다. 헤더는 제가 모험을 해보도록 격려했고, 연습을 통해서 저는 진행자로서도, 제 회복적 정의 훈련 기술에 대해서도 좀 더 편안해지기 시작했습니다. 지원과 끊임없는 격려가 없었다면 저는 성장할 수 없었을 것입니다. 제 자신을 볼 수 없을 때도 저의 잠재력을 봐주는 누군가가 있다는 것이 중요했습니다. 이제 저는 이것을 고등학생들과 함께 실천합니다.

청소년 직원과 함께 하는 성인을 위한 제안	성인 직원과 함께 일하는 청소년을 위한 제안
• 인턴십, 전문가 과정을 시작할 때 오리엔테이션과 적절한 교육을 제공하라.	• 자기다운 모습을 지니면서도 상대를 존중하며 전문적인 모습을 갖춰라.
• 작업을 수행하는 데 필요한 책상과 필요한 자원을 제공하라.	• 개인 생활과 직장 생활을 분리하여 경계를 설정하라.
• 청소년 인턴이 진행하는 프로젝트와 작업의 진행 상황에 대해 정기적으로 체크할 시간을 할당하고, 지원이 필요한지 확인하라.	• 일이 완성됐는지 확인하고 더불어 일하는 사람들과 관계를 구축하라.
• 그들의 아이디어에 귀 기울이고 또 아이디어를 요청하라.	• 질문하고 생각을 공유하라.
• 그들이 새로운 기술이나 개념을 배울 때 인내심을 가져라.	
• 회의 전후에 먼저 인턴과 만나 의제를 검토하고 질문을 명확히 할 시간을 제공하라.	

의사 결정 기관의 회복적 정의 청소년 리더

학생과 학생 문화에 직접적인 영향을 미치는 결정이 내려지는 곳마다 회복적 정의 학생 리더가 포함되어야 한다.

−마이타 퀸테로, 회복적 정의 학생 고문, 동문

오클랜드 통합 교육구에서 회복적 정의 학생 리더는 학교 현장과 학군 수준의 의사 결정 기관에 회복적 관점과 서클 활동을 제공한다. 의사결정 방식에는 '성인 중심, 청소년 중심, 청소년 주도'라는 세 가지 유형이 있다.

> 학교 위원회School Site Council에서 일하면서 저는 돈이 어디에서 오는지, 어떻게 사용되는지 배우고 이해하게 되었습니다. 제가 그렇게 되기까지 모든 물류를 이해하도록 돕고, 회의마다 지원했던 놀라운 성인 동료가 있었습니다.
>
> — 나탈리 갈레고스 차베스, 회복적 정의 활동 리더,
> 지역 조정 및 책임 계획부서 예산 책임자 40)

성인 위주의 의사 결정체에서 회복적 정의 청소년 리더

성인 중심 단체는 대다수가 성인이고, 소수의 청소년 대표가 있는 단체이다. 회복적 정의 학생 리더는 문화 기후 팀과 학교 위원회에서 활동하는데, 이 기관은 예산 및 개선 계획에 대한 현장 기반 결정을 내리는 교사, 학부모, 관리자와 학생으로 구성된 법적 기관이다. 회복적 정의 학생 리더는 동등한 투표 회원으로서 회복적 정의를 위한 지속 가능한 자금과 자원을 지지한다.

학군 차원에서는 학생들이 선출한 학생 이사 두 명이 성인 위주의 오클랜드 통합 교육구 교육 위원회에서 자문 자격으로 활동한다. 학생 이사는 37,000명의 학생을 대표하며, 회복적 정의 학생들에게

---

40) "Local Control and Accountability Plan (LCAP)." Local Control and Accountability Plan (LCAP)—Resources (CA Dept of Education), 2021. https://www.cde.ca.gov/re/lc/

우선 순위가 되는 안건을 옹호한다.

2015년에 회복적 정의 학생 고문은 교육 위원회와 함께 첫 번째 서클을 개최했다. 당시에는 이례적으로 보였지만, 이후 이 서클은 오클랜드에서 표준이 되었다. 그 해에 취임한 차기 시장은 취임 첫 100일 동안 100명의 청소년과 함께 서클로 앉았다. 6년 후, 세 명의 회복적 정의 학생 리더가 오클랜드 통합 교육구 교육 위원회에 선출되었다. 서클은 회의 구조에 계속해서 영향을 미치며 권력을 이동시키고 있다.

청소년 중심 의사 결정체

청소년 중심의 공간에서는 청소년이 활동의 중심이 되어 구체적인 디자인 과정에 컨설팅을 받으며 참여한다. 그러나 청소년이 모든 수준에서 적극적으로 결정을 내리지는 않는다.

중학교 도시 전체 의회MSACC: The Middle School All City Council는 또래 회복적 정의 중학교 리더를 포함하여 청소년 및 성인 대표로 구성된 청소년 중심의 중학교 리더십 기관으로, 세대 상호적이며 전체 학군을 아우른다.

또래 회복적 정의 중학교 팀들은 학교에서 커뮤니티 구축, 갈등 및 치유 서클을 진행하고 현장 기반 의사 결정 기관에서 또래를 대표하면서 리더십 단체로 알려지게 되었다.

중학교 도시 전체 의회는 매년 중학교 민족학 연구 또래 리더십 컨퍼런스를 조직하는 동시에, 매월 모여서 리더십 기술을 구축하고 네트워크를 개발하며 현장 기반 작업에서 서로를 지원한다. 중학교 도시 전체 의회는 고등학생과 성인을 주축으로 진행된다. 예를 들어, 컨퍼런스 개최 여부는 성인이 결정한다. 중학생은 성인이 미리 설정한 큰 틀에서 회의를 하고 회의 내용과 결과를 성인에게 알려준다. 고등학생과 성인 직원에게 컨퍼런스 진행을 위한 코칭을 받으며 회의에서 컨퍼런스 주제를 정하고, 개회사를 작성한다.

우리 없이는 우리에 관한 것은 없다. 청소년, 정의, 단합[41] 은 2018년 컨퍼런스 주제로 청소년이 회복적 정의와 민족학 연구를 통합하여 만든 주제다. 회복적 정의와 민족 연구는 그룹 간 공동체 구축과 연대, 자기 결정, 경청, 이야기 하기를 통한 치유에 공통 기반을 두고 있다.[42]

중학생 테레사 소트Teresa Sot는 개회사에서 동료들에게 '함께 모여서 관계를 만들고, 장벽을 허물고, 연결하고, 한 개인보다는 함께 강해질 수 있는 연합된 오클랜드를 만들자'고 제안했다. 이 개회식에

---

41) 우리 없이는 우리에 관한 것은 없다! 청소년, 정의, 단합(Nothing About us without us! Youth Justice and Unity)은 중학교 ACC가 청소년이 만든 컨퍼런스 주제로써, 동유럽에 역사적 뿌리를 두고 남아프리카 공화국의 장애인 권리와 청소년 운동가들이 대중화한 슬로건을 기반으로 OUSD RJ의 핵심 가치를 언급했다.

42) OUSD. OUSD Ethnic Studies Framework 202021. OUSD, 2020. https://docs.google.com/document/d/1LhirYYX2gbnsdFfJ3G6LpE6lhUreaaUAe WFQeRNmemM/edit?ts=60c#

이어 중학교 또래 회복적 정의 리더 40명이 또래 청소년 400명이 참여하는 집단서클을 개최했다.

테레사는 그때를 이렇게 회고한다.

함께 성장하고 자신에 대해 더 많이 배우는 기회였습니다. 저는 이제 막 익숙해지는 단계이기 때문에 긴장해도 괜찮다는 것을 배웠습니다. 우리의 신념이 다른 중학생들과도 연결되었던 순간을 기억합니다. 처음으로 제 의견이 중요하다고 느꼈습니다. 이제 저는 고등학교 회복적 정의 팀을 이끌고, 온라인으로 서클을 진행하고, 공동으로 회복적 정의 교육을 이끌면서 자신감과 기술을 쌓고 있습니다.

청소년 주도 의사 결정체

청소년 주도 공간에서 청소년은 중점과제를 선택하고, 성인의 지도 아래 모든 수준에서 과정을 설계 및 진행하며 의사 결정을 내린다. 청소년 주도성을 높이려면 높은 수준의 성인 지원, 지속적인 코칭 및 교육이 필요하다.

모든 시의회 학생 연합ACCSU은 오클랜드 통합 교육구에서 일하는 15개 학교의 청소년, 성인 및 지역 사회 단체로 구성된 고등학생 청소년 주도 학군 조직체로, '오클랜드 학교와 학생, 지역 사회43)에 도움이 될 필수적인 변화를 창출'하기 위해 노력한다. 선출된 9명의 학생 관리 위원회가 매주 교육 위원회 대표 두 명과 만나고, 모든 시의회 학생 연합 회의를 계획 및 진행하며, 연례 캠페인을 이끈다.

위원회는 성인 직원의 코칭과 지속적인 리더십 교육과 개발을 지원받는다. 모든 시의회 학생 연합은 회복적 정의 활동을 위한 자금 확보 결의안 통과를 포함하여 정책 차원에서 회복적 정의를 강력하게 옹호해 왔다.44)

학생 리더들은 서클을 도입해 이사회 구성원의 회복적 정의 이해와 문화 변화에 기여하였다. 현재는 고등학생이 된 과거 중학교 회복적 정의 리더들은 모든 시의회 학생 연합 관리 구조에 회복적 정의를 도입하기 시작했다. 서클을 하며 서클의 가치를 전하고, 모든 이사회 구성원에게 회복적 정의 교육을 제공하고, 높은 직책에 있는 사람의 동선을 알리는 직책을 학교문화환경 이사로 바꾸는 등 구식 선출직을 변경했다.

첫 번째 학교문화환경 담당 이사는 중학교 또래 회복적 정의 리더

---

43) Lopez, Aurora, and Kendra Fehrer. "Voices for Equity: Youth Leadership in Oakland Community Schools." In Community Schools: People and Places Transforming Education and Communities, edited by JoAnne Ferrara and Reuben Jacobson. Lanham, MD: Rowman & Littlefield, 2019.

44) Adams, Eric, and Wesley Sims. 2010. "100115 Presentation of Student Directors' Report January 27, 2010". Speech, Board of Education Meeting. Oakland, CA. http://ousd. granicus.com/player/clip/108?view_id=4&redirect=true

였으며, 명상을 도입하고 공동체 구축과 갈등 해결을 위한 회복적 정의 조정 활동을 담당했다. 이러한 조정 작업은 학생 리더들 사이에 더 강한 신뢰와 공동체 의식을 형성했다.

전前 중학교 회복적 정의 리더이자 현재 모든 시의회 학생 연합 회장인 리안 리Linh Le는 "모든 시의회 학생 연합에서 경험한 관계적 공평함은 우연이 아닙니다. 회복적 정의는 모든 사람을 그 공간에 기여할 수 있는 가치 있고 평등한 존재로 대하도록 합니다."라고 말한다.

청소년은 자신의 가치관을 바탕으로 시스템을 혁신하고 변화시키는 것을 두려워하지 않는다. 오클랜드 통합 교육구에서는 성인 수백 명이 회복적 정의 활동 교육을 받았다. 그러나 회복적 정의 원칙과 실천을 진행 방식에 통합하는 것은 청소년 자치 조직체들이다. 청소년은 회복적 정의를 적용하고 시스템을 변화시킨다. 또한 불편함을 받아들이고 새로운 방식으로 이끌어 갈 수 있는 방법을 성찰하고 탐구할 기회를 성인들에게도 제공한다.

의사 결정 기관이 청소년을 통합하기 위한 제안	의사 결정 기관에 있는 청소년을 위한 제안
• 위원회에는 청소년 두 명과 성인 동료 한 명을 두는 것이 가장 좋다. • 청소년과 돈독한 관계를 쌓고, 그들의 생각과 아이디어를 구하라.	• 조직화하라. 일주일 및 한 달 동안 업무나 작업을 추적할 수 있는 도구예: 플래너를 가져라.

• 회의 전후에 청소년과 만나 안건을 검토, 보고하고, 향후 회의를 위한 전략을 세우라. • 모든 사람이 알 수 있는 의제를 가지고 모든 사람의 말을 들을 수 있는 진행 방법을 사용하라. • 모임 중에 청소년이 의미 있는 역할을 할 수 있도록 하라. 예: 체크인 질문, 게임 및 기타 활동 • 청소년의 일정을 고려하여 그들이 참석할 수 있는 시간으로 모임 일정을 계획하라. • 청소년이 스케줄링, 이메일 시스템을 사용하도록 지원하고 새로운 기술에 대한 청소년의 아이디어에 귀를 기울여라. • 이전 기수의 청소년이 새로운 청소년을 모집하고 훈련하게 하라. • 교통비, 음식, 급여를 제공하라. 그리고 즐겨라!	• 무슨 일이 일어나고 있는지 이해하기 위해 질문하고 도움을 요청하는 것을 두려워하지 마라. • 공간에 있는 모든 성인과 청소년을 존중하라. • 동료의 새로운 아이디어를 열린 마음으로 대하라. • 이전에 당신의 위치에 있던 동료나 사람들과 연결하라. 그들은 당신이 겪는 일을 알고 있을 것이다. • 성인과 청소년과 관계를 형성하라. • 자신을 신뢰하라. 당신은 합당한 이유로 이 협의체에 있으며, 사람들은 당신의 생각을 알고 싶어 한다. • 즐겨라!

회복적 정의를 위한 청소년 조직화

2018년 예산 삭감에 대응하여 오클랜드 통합 교육구 전역의 학생은 회복적 정의 프로그램을 유지하기 위해 싸웠다. 조직화 전략에는 청소년 참여 실행 연구YPAR와, 학생 예산 우선순위 작성, 다양한 그룹 간의 연대 구축, 이사회 회의에서의 설명 및 설득, 소셜 미디어

캠페인 시작, 구체적인 정책 정리 등이 있다.

모든 시의회 학생 연합은 학생 리더십 프로그램, 교사 역량, 채용, 유지 및 관계, 대학 및 직업 지원 프로그램, 정신건강, 영양 및 건강과 같은 회복적 정의를 전체적으로 포함하는 네 가지 예산 우선 영역을 결정하는 연구 프로세스를 촉진했다.

모든 시의회 학생 연합과 제휴한 회복적 정의 학생 리더들은 학생의 비전을 확대하기 위해 지역 사회 및 학생 조직과 동맹을 맺고, 이해 관계자들에게 오클랜드 통합 교육구 교육 위원회 회의에서 그들의 지지를 보여줄 것을 촉구했다. 또한, 이사회 회의에서 회복적 정의가 그들의 삶에 어떤 영향을 미쳤는지에 대해 이야기하고 자금 지원을 요구했다.

리더가 되려면 자신의 전투에 직면하고 불안한 감정에 대처해야 합니다. 회복적 정의는 청소년이 감정을 표현하고 다룰 수 있는 좋은 공간입니다. 회복적 정의 프로그램을 없애는 것은 청소년에게 큰 영향을 미치는 일입니다. 그들이 서로 이야기할 공간과 사람이 없다면 부정적 감정은 고조될 것입니다. 리더십 프로그램과 청소년 참여, 그리고 회복적 정의를 보호해 주세요.

－ 비다 멘도자, 모든 시의회 학생 연합 리더

회복적 정의 학생 리더뿐만 아니라 서클에 참여했던 청소년들은 동료의 요청을 듣고 학교와 지역 사회에서 회복적 정의의 확산 효과를 이야기했다. 회복적 정의 학생 고문 그리펜 카스티요는 회복적 정의 자금 지원의 중요성에 대해 동료들이 보낸 20개 이상의 편지 꾸러미를 읽었다.

다음은 오클랜드 공대 학생의 편지 중 일부다.

저는 회복적 정의를 통해 우리나라에서 무슨 일이 일어나고 있는지 배우고 이해할 수 있었습니다. 나는 이야기의 다른 면을 듣지 못하고, 이해하지 못하며, 공통점을 찾을 수 없는 세상에서 살고 싶지 않습니다. 회복적 정의가 사람들을 위해 무엇을 할 수 있는지 이해한다면, 그 프로그램을 없앨 생각은 하지도 않을 겁니다.

얼라이언스 아카데미 중학교Alliance Academy Middle School 학생들은 회복적 정의 진행자의 지원을 받아, 해시태그 #회복적정의신뢰로 소셜 미디어 캠페인을 시작했으며 이 캠페인은 학군 전체에 퍼졌다.

그러나 수개월의 조직화 활동에도 불구하고 교육부는 위탁 양육 사례 관리자와 아시아 태평양 섬 주민 학생 성취도APISA 프로그램과 함께 회복적 정의 자금이 예산에서 삭감될 것이라고 발표했다.

이 발표는 청소년들이 학군을 넘어서 다각적으로 조직화 전략을 개발하도록 자극했다. 청소년들은 회의에서 연설하고, 교육 위원회 위원과 시의회 및 지역 감독자를 포함하여 선출직 공무원을 서클로 초대해 학교, 시 및 지역 전체 수준에서 조직화를 시작했다.

> 서클은 단순히 갈등 해결을 위한 것만이 아닙니다. 서클은 공동체를 세우는 일입니다. 시장님이나 교장 선생님과 관계를 만들면 그 관계는 사라지지 않습니다. 여러분도 공동체의 일부입니다. 모두가 이런 관계를 맺고 안전한 환경에 있어야 합니다. 안전한 환경에서 청소년은 편안하고 환대받는 느낌을 받습니다.
>
> — 린 레이, 회복적 정의 자문관

회복적 정의 청소년 리더들은 선출직 공무원 등 권력을 가진 사람들과 서클 속에서 관계를 형성하고, 예산 우선순위에 대한 목소리를 냈다. 서클은 조직화 활동에 효과적인 도구가 되었다. 서클을 통해 이사회 구성원, 시장과 청소년들은 상호 연결된 정치 시스템에 대해 이해하게 되었다. 또한, 선출직 공무원들은 비록 짧은 시간 동안이지만 서클을 통해 청소년들을 동등하게 바라보며 청소년들의 목소리를 들을 수 있었다.

서클 외에도 청소년들은 학교 이사회 구성원과 협력하여 회복적 정의 및 기타 우선순위 영역에 자금을 지원하는 정책을 작성하고 로비 활동을 했다.[45] 2018~2019년 학생 책임자였던 요타 오모소후는 오클랜드 통합 교육구 교육 위원회 회의에서 회복적 정의와 서클이 준 영향을 다음과 같이 이야기했다.

저는 청소년들이 양질의 교육을 받는 것이 억압적인 시스템을 바꾸기 위해 진정으로 필요한 것이라고 굳게 믿습니다. 이것은 단지 어느 한 도시 차원에서 이루어져야 하는 것이 아닙니다. 전 세계에 걸쳐 교육에서 거부당한 어린 소녀들, 우리가 이야기하는 지금 이 순간 국경을 넘는 아이들, 너무 빠르게 성장하기를 강요받는 흑인 소녀들, 읽기를 배우기도 전에 총소리를 알게 되는 서부 오클랜드의 어린이들, 미등록 이민자 이웃들, 성적 소수자 이웃들, 그리고 역사적으로 변방으로 밀려났던 사람들과 함께 연대해야 합니다.[46]

학생, 교직원 및 지역 사회에서 압도적인 지지가 있었으나 한 표

45) Hinton-Hodge, Jumoke, and Omo-Sowho, Yota. 2019. "Budget Policy Resolution Item C-1" OUSD Board of Education Meeting Minutes—March 4, 2019. http://ousd.legis-tar.com/gateway.aspx?M=F&ID=91058.pdf

46) Omo-Sowho, Yota. 2019. "All City Council Student Director Report (Item K.190122)". Speech, OUSD Board of Education Meeting 2-13-19, 2019. http://ousd.legistar.com/gateway.aspx?M=F&ID=90660.pdf

차로 자금 지원을 받지 못했다. 비록 좌절을 겪었지만 청소년들은 인맥을 활용해 시 차원에서 옹호 활동을 벌여, 결국 오클랜드 시로부터 1년치 자금을 확보할 수 있었다.

2019~2020년도에 접어들면서 캘리포니아 전역에 공립학교의 회복적 정의 자금 지원이 삭감되자, 청소년들은 주 교육감 및 지역 공무원과 네트워킹하면서 주 차원에서 회복적 정의 활동을 세워가기 시작했다. 2020년 봄에는 주 교육감과 주지사와 함께 하는 서클이 계획되었지만, 코로나 대유행이 닥치면서 조직화 전략이 바뀌었다.

온라인 서클이 진행되면서 회복적 정의 청소년과 지지자들은 동시에 힘을 합쳐 청소년을 위한 지원을 지켜내기 위한 투쟁에서 시작한 지역 주민 투표 발의와 캠페인을 지지했다. 오클랜드 청소년 연합은 청소년 리더십을 통해 QQ 법안을 통과시켰다.[47] QQ 법안은 16세, 17세 청소년들도 오클랜드 통합 교육구 교육 위원회 이사를 선출할 수 있는 투표권에 관한 법안이다.

선대의 지식에 기반을 두고 지역 사회에서 계속 일하는 오클랜드 청소년과 원로들의 유산과 협력, 헌신이 없었다면 어느 것도 불가능했을 것이다. 길고 지루한 싸움이지만, 과정은 계속 이어지고 있

---

47) 역주: 일반적으로 미국의 투표 연령은 지방, 주 및 연방 선거의 경우 18세이지만 18개 주와 컬럼비아 특별구에서는 17세 청소년이 총선 당일에 18세가 될 경우 예비선거에서 투표할 수 있다. 미국 헌법은 주나 지방 자치 단체가 투표 연령을 낮추는 것을 막지 않으며, 캘리포니아 헌법은 오클랜드와 같은 차터 시티가 교육 위원회 선거와 같은 지역 관심 분야에서 법률을 통과시키는 것을 허용한다. 법안 QQ는 유권자 투표율을 높이기 위한 광범위한 운동의 일부다.

다. 중학생들이 고등학생이 되면서 서클을 통해 학교와 오클랜드 전역에서 자금 조달을 지원하고, 시스템을 변화시키며 단합을 구축하고 있다.

청소년 조직화 과정에 있는 성인을 위한 제안	청소년 조직화 과정에 있는 청소년을 위한 제안
• 청소년이 연합과 동맹을 이해하고 구축하도록 지원하라. • 조직과 부서 전반에 걸쳐 협력하여 서로를 지원하는 강력하고 촘촘한 동맹을 구축하라. • 의제를 검토하기 위한 회의나 서클 전후에 청소년과 만나서 성찰하고, 보고하고, 전략을 세워라. • 대중 연설, 정치적 운동, 시스템 구조 등에 대한 적절한 교육을 제공하라. • 모든 청소년이 쉽게 이해할 수 있는 언어를 사용하라. • 이사회 및 시의회 회의에서 연설할 때 미리 청소년과 함께 준비하고 교통편을 제공하라. • 자기 돌봄 및 지역 사회 돌봄을 모델링하고 전체 작업에 통합하라.	• 공개 논평을 하거나 대중 앞에서 연설하기 전 연습하라. • 스트레스를 받거나 긴장할 때 심호흡하기를 잊지 마라. • 미리 앞서서 준비하라. • 정확한 이해가 필요할 때는 명료하게 질문하라. • 기꺼이 위험을 감수하고 새로운 것을 시도하라. • 캠페인에 대한 지식을 친구, 동료, 부모 및 지역 사회와 공유하라. • 친구와 동료, 부모 및 지역 사회 구성원을 이벤트와 활동에 초대하라.

서클과 주먹을 쥐고

2018년과 2019년에 청소년들이 회복적 정의운동을 지속하기 위해 조직화하면서 서클과 주먹을 둘다 쥐는 이미지가 등장했다. 공중에 뻗은 주먹은 민족학, 노동권, 아메리칸 인디언 운동AIM, 시카노,  아시아 태평양 섬 주민 및 흑인 권력 운동 투쟁에 뿌리를 두고 있다는 것을 상징한다.48)

청소년들은 본인보다 앞서서 모두의 권리를 위해 싸운 사람들의 유산과 현재 계속하고 있는 일을 기념하기 위해 서클과 주먹 토킹 피스49)를 만들었다. 청소년들은 사회적 행동은 사회적 치유를 가져오고, 대인관계의 치유는 정의를 가져온다는 파니아 데이비스Fania Davis의 '전사이자 치유자' 원칙50)을 살아냈다. 서클을 진행하고, 주먹을 공중에 뻗고 걸으며 이사회 모임으로 행진하면서 치유와 변화의 가치를 구현하고는 했다.

---

48) Stout, James. "들어올려진 주먹의 역사, 억압에 맞서 싸우는 세계적인 상징." History. National Geographic, May 3, 2021.https://www.nationalgeographic.com/history/article/history-of-raised-fist-global-symbol-fighting-oppression.

49) Artwork Rha Bowden www.eyemanifestsupreme.com

50) Davis, Fania. *The Little Book of Race and Restorative Justice: Black Lives, Healing, and US Social Transformation.* New York: Good Books, 2019.

주먹은 청소년에게 공간과 힘을 주장하며, 그들을 선조들과 과거의 운동과 연결시켰다. 주먹을 쥔다는 것은 단지 앉아서 변화에 대해 이야기하는 것만이 아니라 실제 행동한다는 것을 보여준다. 청소년들은 성인 주도의 통치 구조에 침투하여 학생들에게 의사결정권을 주며 모든 학생을 실제로 소중히 여기도록 학교 교육을 구조화함으로써, 해방 교육으로 나아가고 있다.51)

---

51) The All City Council campaign hashtag for bud-get priorities to fight for funding for Restorative Justice.

9장

청소년과 함께 하는 회복적 정의 운동:
리더십 전환 모델

이즈마르 카모나 펠리프

학생회 리더 역할과 회복적 정의 활동 리더의 역할은 달
랐어요. 학생회에서 제 질문은 '우리 학년에서 내가 할 수
있는 일은 뭐가 있지?'였지만, 서클에서는 '공동체를 위해
내가 할 수 있는 일은 뭐가 있지?'로 확장됐어요.

－ 레슬리 럭스, 회복적 정의 팀 동문, 휴스턴 거주

빛나는 별자리를 만들 수 있는데 왜 홀로 빛나는 별이 되
려고 하는가?

－ 나오미 무라카와52)

초등, 중등 교육에서 리더십의 개념은 대체로 개인적이고 선형적
이다. 학생 리더십은 대중 앞에서 힘 있게 연설하는 모습, 가장 높은
자리에 뽑힌 인기 있는 학생, 행사를 기획하거나 학교 소식을 전하는
역할 정도만 할 수 있다. 이러한 리더십은 자신을 별자리의 일부로
여기도록 격려받기보다는 '별'로서 축하받는다.

---

52) Kaba, Mariama, Naomi Murakawa, and Tamara K. Nopper. "우리는 우리를 해방시킬
때까지 이 일을 한다: 정의를 조직하고 변화시키는 폐지론자" Chicago: Haymarket
Books, 2021.

그러나 회복적 정의는 우리에게 '교육 시스템을 바꾸는 주체'라는 새로운 청소년 리더십 패러다임을 제안한다. 회복적 정의로 탄생하는 새로운 리더십은 '나' 중심에서 '우리'로 이동하는 공동체 자체이고, 공동체에 기반한 리더십이다.

우리는 세 개의 지역에서 회복적 정의 학생리더였던 졸업생을 면담하며 새로운 리더십의 정체성으로 엮을 수 있는 공통의 실을 발견했다. 이 장에는 30명이 넘는 회복적 정의 학생 리더와 졸업생들의 비전과 경험을 실었다. 회복적 정의 활동이 그들의 삶에 미친 영향과 그 경험에서 나온 리더십의 핵심 요소인 경청, 서클 진행, 주체성, 자기 돌봄과 공동체 돌봄, 책임, 진정성 있는 공동체 세우기에 대해 실었다. 각 핵심요소마다 이를 상징하는 토킹 피스를 함께 넣었다.

경청

의사소통의 핵심은 자신과 다른 사람의 진심을 진실하게 듣는 능력에서 온다.

서클에서 토킹 피스는 경청을 지원하는 도구로 모두에게 자기 이야기를 할 수 있는 기회를 준다. 토킹 피스는 참여자가 앉아서 자신의 감정을 들여다 볼 수 있게 한다. 단순히 반응하기보다 온전히 현존하며 듣는 기술을 연습하고 자신을 가다듬게 한다. 토킹 피스의 원리는 참여자의 서클 밖 삶으로 전이된다. 의도적으로 경청하는 동안 서클에서 들린 말과 들리지 않은 말을 읽는 법을 배우게 되며, 세상과 잘 어우러지게 되면서 공동체의 심장 박동과 맥박 소리를 더 크게 듣게 된다.

경청은 매우 중요한 기술이다. 경청을 통해 리더와 단체 조직가가 되기 위한 기술을 개발하며 자신의 힘을 기르는 중요한 역량을 키울 수 있다.

회복적 정의에서 토킹 피스를 든 사람이 말할 때 어떻게 들어야 하는지 배웠다는 게 참 낯설고 신기했어요. 토킹 피스는 감정을 조절하는 데 큰 도움이 돼요.

— 시우라베 퀸타닐라 바스케즈

서클에서 우리는 경청하는 법을 배웁니다. 서클 안과 밖에서 다른 사람과 어떻게 상호작용하고 협력할 수 있는지 배울 수 있어요.

— 조나단 파이퍼

정말 리더가 되려면 잘 들어야 해요. 모든 것을 잘 들어야 해요. 공동체, 나 자신, 나를 둘러싸고 있는 세상에 대해 잘 들어야 하죠. 필요한 모든 답이 경청에 있어요.

— 그리픈 카스틸로

서클 진행

고대로부터 내려오는 서클의 지혜를 이해할 수 있는 구체적인 기술이자 정신은 다른 사람의 인간성을 귀하게 여기는 것이다. 동료, 어른, 친구와 가족을 지지하고 격려하는 공감과 인내를 실천하는 것이다.

선조들과 선주민의 신성한 서클의 지혜를 따르며, 학생들은 의도적으로 다른 이들과 함께 서클에 참여하기 위해 준비하는 방법을 배운다. 참여자가 서클에서 서로 연결되어 있음을 경험하고 이야기의 흐름을 만들어 낼 수 있도록 서클을 준비토킹 피스, 센터피스, 의자 배열하고 서클의 순서공간 열기, 공동체 활동, 질문, 공간 닫기를 정한다.

서클에 참여하는 경험은 물리적인 서클 기획 그 이상이다. 서클 안에서 취약성vulnerability과 진정성을 유지하는 법을 배운다. 특히 청소년이 가족과 함께 서클을 할 때 이를 더 잘 경험한다. 서클 진행을 통해 존엄의 의미와 그 가치를 삶의 모든 영역에서 더 깊게 이해할 수 있다.

청소년인 우리가 서클 진행자가 된다는 것은 서클진행자인 자신을 신뢰함으로써 우리의 주체성과 자율성을 지지한다는 거예요.
　　　　　　　　　　　　　　　　　　─ 잇자마르 펠리페 카르모나

회복적 정의를 한 꺼풀씩 벗길수록 그 핵심은 공간을 공유하고 공동체가 되어 가는 것임을 알게 돼요. 토킹 피스가 없어도, 서클로 앉지 않아도, 모든 규칙을 잊어도 괜찮아요. 함께 먹고 전통을 축하하며 공간을 공유하는 거예요. 함께 앉는 게 바로 회복적 정의죠.　　　　　　　　　　　　　　—엔젤 라구나스

지금까지 했던 서클을 온라인으로 하는 것은 그동안 서클을 진행하기 위해 무엇을 했는지 생각하게 했어요. 우리가 매우 소중하게 여기는 가치를 온라인 서클에서 실현하기 위해 변화와 적응이 필요했어요.　　　　　　　　　　　　—아나 멘데즈

주체성

주체성이란 서클 안과 밖에서 자신의 진리를 말하며 서클 공간을 이끌고 안전하게 유지하며 스스로 선택할 수 있는 자신감과 능력이다.

회복적 정의 활동을 하는 청소년은 서클을 진행하고 다른 사람들을 가르치고 훈련하는 데 필요한 기술을 배우고 변화를 도모하며 주체성을 이해하게 된다. 리더로서의 정체성을 정립하고, 리더로 지지를 받으면서 자신의 의견을 소리 내어 말하는 것에 자신감을 가지며 온전한 정체성을 느낀다. 청소년 리더는 어른들의 격려 속에 직

접 서클을 기획하고 진행하며 힘과 주체성을 기르고 보다 지혜롭게 세상을 항해하는 법을 배운다.

저는 말을 더듬어요. 타티아나 선생님학교 회복적 정의 담당 교사이 저를 서클로 초대해서 서클도 진행하게 됐는데요. 힘들었어요. 잘 못한다고 느꼈는데 선생님들은 "정말 잘했다"고 해줬어요. 진행할수록 점점 나아졌고요. 다른 학교에 초대되어 그곳에서 제 경험과 어떻게 회복적 정의를 학교에 적용하는지 이야기를 나누는 시간도 있었고요. ―대니 프리머스

학생들은 학교 문화가 회복적 정의 프로그램으로 더 나아졌다고 생각해요. 저희는 단순히 동아리 활동을 하는 게 아니라 우리가 우리의 삶을 바꾸고 있다는 점에서 중요하다고 생각해요. 우리는 정말 중요한 문제를 다루고 있어요. ―팔란테 청소년 리더

회복적 정의는 내게 목소리와 힘을 주었고, 덕분에 사회과학을 전공하게 되었어요. 부정적인 방향으로 영향을 받는 사람들을 더 나은 쪽으로 나아가게 하고, 변화를 일으키는 주체로 세우는 일은 중요해요. ―샌디 찰스

자기 돌봄과 공동체 돌봄

돌봄이란 자신과 타자의 물리적, 감정적, 영적, 정신적 건강을 확인하고 우선시하며 공동체의 안녕을 유지하기 위해 필요한 것에 집중하는 것이다.

청소년은 서클 회의 조직에서 마음을 돌보는 것을 중요하게 여기고 이를 실천한다. 오늘날 청소년들은 다른 무엇보다 치유를 중심에 두는 접근법을 중요시한다. 청소년에게는 상대방을 이해하고 상대방에게 이해받는 것, 속도를 늦추는 것, 균형을 찾는 것, 웃는 것과 재미가 중요하다. 이전 리더들이 탈진한 것을 봤기 때문에 청소년들은 신체적, 정서적, 영적, 정신적으로 모두 건강한 것이 필수적이라는 것을 잘 알고 있다. 그래서 정기적으로 서클을 하고 어른들과 서로 안부를 묻고 회복적 정의 운동을 지속 가능하도록 돕는 서비스와 지원 체계를 받는 것에 열려 있다.

자기 돌봄과 공동체 돌봄을 소중하게 여기는 회복적 정의는 청소년들의 교육과 삶이 균형을 이룰 수 있도록 지원한다. 2020년과 2021년 코로나 대유행 기간에 온라인 서클, 요가, 명상을 통해 청소년들이 서로 마음을 열고 들으며 보듬을 수 있는 시간을 제공하였다. 청소년들은 마음을 돌보는 활동을 단순히 스트레스를 낮추는 기술을 익히는 시간으로 여기지 않는다. 그들에게 이러한 활동은 개인과 공동체의 회복력을 기르고 억압적인 구조로부터 자유로워지는 중요한 순간이다.

> 어떻게 지내는지 체크인을 하며 안부를 묻는 것은 중요해요. '나는 당신이 하는 일도, 그 일을 잘하는 것도 중요하게 생각해요. 그런데 요즘 당신은 잘 지내나요? 가족들도 잘 지내고요?' 이건 정말 도움이 되는 질문이에요. 가족과 교육은 당신의 일에 영향을 주잖아요.　　　　　　　　— 레슬리 럭스

> 회복적 정의는 저항정신을 키우는 공간이에요. 공동체 돌봄이라는 지혜를 가장 소중히 여기니까요.　　　　— 요타 오모소후

책임

책임은 자신과 공동체, 우리보다 먼저 온 이들과 우리 뒤에 올 이들에 대한 책임을 의미한다.

리더는 서클의 지혜와 기원을 가치 있게 여기며, 정의와 해방을 위해 일했던 사람들의 업적을 기억하며 이를 통해 힘을 얻는다. 리더들은 회복적 정의가 조화롭고 정의로운 관계를 위한 운동이라 믿고, 서클 안과 밖에서 책임감 있게 활동한다. 청소년은 이 활동을 통해 자신의 행동을 책임지는 방법을 배우고 주변 어른과 다른 청소년

에게 좋은 모델이 된다. 어린이든 청소년이든 어른이든 노인이든 모든 리더는 진정한 해방을 실현하는 데 필요한 청렴과 신뢰의 중요성을 인지하면서 일상에서 매일 자기 삶을 살아내도록 부름받았다.

> 진정한 공동체는 자신의 취약성을 드러낼 수 있는 곳이며 구성원을 책임지려는 의지가 강합니다. 쉽게 무너지지 않아요.
> — 마이다 퀸테로 메드라노

> 여성 혐오자인 사람이 리더십 수업에 와서 "억압에 대해 이야기합시다."라고 말할 수는 없어요. 그건 잘못에 완전히 공조하는 거예요.… 해방은 "여기까지야." 라고 선을 그을 수 있는 건 해방이 아닙니다. 때로는 좀 더 열린 마음으로 사람들이 성장할 시간을 줘야 한다고 생각하지만, 또 어떤 때는 '아니야, 당신은 충분히 성장했어.'라는 생각도 들어요.
> — 엔젤 라구나스

> 회복적 정의가 행동의 결과를 피하는 길이라고 생각하면 큰 오산이에요. 회복적 정의 프로그램의 핵심은 동료와 마주하고, 자신의 행동을 책임지고 수정하는 법을 배우게 하는 거예요. 청소년들에게 이것만큼 더 강력한 책임지기는 없어요.
> — 팔란테 리더

진정성 있는 공동체 세우기

진정성 있는 공동체는 신뢰의 공간에서 만들어
진다. 그 공간에서 청소년과 어른은 취약함을
드러내고 진정한 모습을 나누며, 온전히 드러
난 자신의 정체성이 수용되는 것을 경험한다.

청소년 회복적 정의 활동가들은 청소년과 어른 모두에게 필요한
핵심 요소로 '취약성'을 반복해서 말한다. 졸업생들은 고등학교 졸
업 후 만난 공동체는 모임이 가진 잠재력을 최대한 발휘하지 못했다
고 회고했다. 회복적 정의 리더들은 취약성이 사회감수성 기술 개발
의 한 부분이며, 다른 사람과 깊이 협력하기 위해 꼭 갖춰야 하는 전
제조건이라고 말한다.

우리가 자신의 진정한 모습을 이해할 때 공통점과 차이점을 넘어 다
른 사람과 연결될 수 있다. 많은 청소년이 자신의 총체적인 정체성과
계보를 인정하고 존중하는 공간에 앉아 있을 때 내적 변화를 경험한다
고 말한다. 이러한 공간에서 청소년은 있는 모습 그대로 서클에 임하
며, 특정 이야기를 중요시하는 지배적인 서사에 도전한다.

> 서클에서 우리는 자기 이야기를 하며 취약성을 드러내고 다
> 른 사람들과 연결되는 방법을 배워요.
>
> — 후안 기예르모 파블로 마티아스

저는 청소년 시기에 사람들이 저를, 특히 제 안의 다름을 알아봐 주기를 바랐어요. 가족들은 저한테 그러지 못했거든요. 저는 단지 좋은 학생이기만 한 것도, 미등록 이민자이기만 한 것도, 성 소수자이기만 한 것도 아니었어요. 이 전부가 저였어요.

— 잇자마르 카르모나 펠리페

회복적 정의는 공동체를 하나로 모읍니다. 사람, 물, 자연 등 모든 것과 우리 모두를 포함시킬 수 있어요. 그래서 신성하다고 생각해요. 제 고향인 과테말라의 문화도 마찬가지예요. 생명, 물, 모든 것에 감사하죠. 이런 것은 제가 학교 교육에서 경험할 수 없던 것이었어요.

— 마르타 칼모

별무리가 되어

회복적 정의 리더십이 청소년들의 삶에 미치는 영향은 개인과 시스템을 변혁하는 데 중요한 촉매제 역할을 한다. 오클랜드 시 프리몬트 고등학교 회복적 정의 학생 리더인 후안 기예르모 파블로 마티아스는 리더십을 통해 이런 변화를 직접 실천했다. 후안은 다국어를 구사하는 회복적 정의 리더들과 함께 새로 온 학생들을 학교

> 회복적 정의는 우리가 소속감을 느끼는 방법입니다.
> – 후안 기예르모 파블로 마티아스

공동체에 보다 더 잘 연결하기 위해 그들의 모국어로 서클을 열었다. 후안은 과테말라 선주민 언어인 맘어로 서클을 진행한 경험을 다음과 같이 성찰했다.

> 다른 학교에서 맘어로 진행하는 서클을 본 적이 없어요. 다른 나라에서 어색하고 낯설게 본다는 이유로 자신의 문화와 언어를 잃어버리는 사람이 참 많아요. 창피하다고 느끼거든요. 처음 미국에 왔을 때 전 수줍음과 겁이 많았어요. 이야기를 나누거나 연결될 수 있는 사람이 아무도 없었어요.
> 맘어를 할 수 있는 과테말라 학생들을 서클로 초대하는 일은 어려웠지만, 그건 정말 특별했어요. 학생들에게 필요했거든요. 자기 이야기를 나누며 서로를 만날 공간이 필요했어요. 학생들은 다양한 문제과 관점을 가지고 왔어요. 그리고 정말 좋아했어요. 우리가 과테말라에 있는 것 같았어요. 회복적 정의로 우리가 소속감을 느꼈어요.

이민 청소년과 난민 청소년은 오클랜드 도시와 학교에서 더 깊은 소속감, 문화적 자부심, 존재감을 경험할 수 있었다. 후안은 행사를 성공적으로 마친 경험을 한 후 근처 이스트 오클랜드 학교에서 영어, 스페인어, 맘어 세 언어로 서클 교육을 진행했다. 그 서클 교육은 흑인, 멕시코계 학생, 새로 온 학생들이 진정한 공동체를 세워가는 데 발판이 되었다.

　선조의 지혜를 존중하고 자신과 공동체를 돌보는 리더로 성장하면서 청소년들은 회복적 정의의 원리에 따라 살아가는 능력을 키우고, 후배들에게 지식을 전수하며 회복적 정의 운동을 확산해가고 있다. 서클진행의 역량을 키우는 데 있어서 후안과 같은 청소년이야말로 정의롭고 공평한 학교를 세우며, 모든 청소년이 존중받는다고 느끼도록 진정한 연결을 만들어 가는 중요한 파트너이다.

회복적 정의 리더십 핵심 요소[53]

핵심요소	토킹 피스	토킹 피스의 의미
경청		소라 껍질은 주의를 환기시킨다. 긍정적인 분위기를 이끌어내어 함께 모인 사람들과 깊이 경청할 수 있게 한다.
서클 진행		케찰코아틀은 서클 참여자 모두가 보유하고 공유하는 지식을 상징한다. 산코파 새는 과거 선조들이 보유한 서클의 지혜를 기리며 과거를 바라보는 동시에, 해방된 미래를 내다보며 꿈꾸게 한다.[54]
주체성		서클과 주먹은 대인 관계의 치유와 연결, 그리고 주체적으로 행동하는 것의 균형을 상징한다.
자기 돌봄과 공동체 돌봄		연꽃은 진흙 속에서 아름다움을 피워 낸다. 역경 가운데서도 아름다움과 삶의 다층적인 부분에서 행복well-being이 가능함을 보여준다.
책임		해바라기는 땅의 독소를 제거한다. 독소는 일어난 피해를, 치유를 돕는 해바라기는 책임지기를 의미한다.
진정한 공동체 세우기		삼나무 숲은 서로의 성장을 지원하는 공동체를 나타낸다. 삼나무의 뿌리들은 질병과 피해로부터 서로를 보호하면서 자원을 공유한다.

---

53) 아티스트이자 서클키퍼인 아구스틴 "베이스" 바라하스-아마랄(소라껍질, 케찰코아틀, 산코파, 해바라기)과 라보우덴(서클과주먹, 연꽃, 삼나무숲)이 만든 핵심 요소로 9장에서 소개한 바 있다.

54) 서클의 케찰코아틀, 산코파 새는 오클랜드 학교의 회복적 정의 학생 지도자를 인정하고 갈색-흑인 통합의 뿌리를 표현하기 위해 아구스틴 "베이스" 바라하스-아마랄이 만들었다.

10장

나선형:회복적 정의 청소년 참여를 위한 새로운 틀

> 회복적 정의는 강력한 커뮤니티를 만듭니다. 회복적 정의
> 를 통해 우리는 단결하여 급진적으로 체계 변화를 이루어
> 갑 니 다.　— 마이다 퀸테로 메드라노, 회복적 정의 리더 및 OUSD 동문

오클랜드, 홀리오크, 휴스턴에서 회복적 정의에 참여했던 청소년
모두는 회복적 정의가 진정한 공동체를 세우는 것에서 끝나지 않고
개인적이면서도 체계적인 변화를 창조할 능력이 있다는 마이다의
의견에 입을 모아 공감했다.

이 장에서 우리는 이 책의 기초가 되는 두 가지 이론적 틀, 즉 플레
처의 사다리 이론과 러브의 순환 틀을 결합함으로써 청소년과 성인
이 체계적인 변화를 창출하기 위해 공동으로 참여할 수 있다고 제
안할 것이다.

플레처의 사다리는 꼰대주의에 대한 인식을 개발하고, 청소년을
차별하거나 대상화하는 것을 극복하는 방법을 탐구할 때 유용한 이
론이다. 러브의 순환 틀은 꼰대주의를 맥락화하고, 세대 간 평등과
궁극적 해방을 향해 나아가는 실천프락시스을 심화하는 방법을 알려

준다. 사다리의 구성 요소를 순환 틀의 중요한 단계와 결합하기 위해 우리는 '청소년 참여 나선형 Youth Engagement Spiral'이라는 새로운 이론을 제안한다.

청소년 참여 나선형

사다리Ladder와 순환Cycle은 서로 얽혀 있으므로, 청소년 참여 나선형이하 "나선형"이라고 함은 역동적이다. 각 코일은 순환 사이클의 4단계에 참여하는 사다리의 각 단을 나타낸다.

청소년과 성인 사이의 공평함을 종착점으로 둔 사다리와 달리, 나선형은 궁극적으로 공평함을 넘어 해방으로까지 나아간다. 나선형이 신축성을 유지하면서도 긴장을 유지하는 것처럼, 우리는 청소년과 성인으로서 함께 온전히 참여하고 힘을 공유하기 위해 안락함의 수준을 넘어서야 하며, 우리의 행동이 나선형에서 어느 지점에 있는지 끊임없이 성찰해야 한다.

다음은 회복적 정의 담당교사가 나선형 틀로 성찰하는 과정이다.

나선형의 작동

가르시아는 지난 2년 동안 팔머 초등학교에서 회복적 정의 담당교사로 일하고 있다. 일주일에 한 번 4학년 교실 세 개의 학급에서 공동체 세우기 서클을 연다. 그녀는 서클 주제에 대한 학생들의 아

청소년 참여 나선형

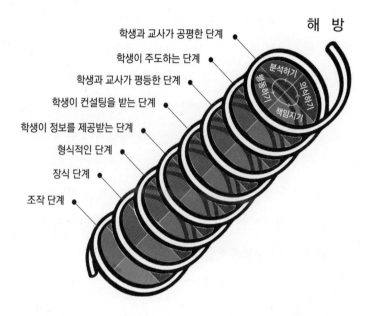

해 방

학생과 교사가 공평한 단계
학생이 주도하는 단계
학생과 교사가 평등한 단계
학생이 컨설팅을 받는 단계
학생이 정보를 제공받는 단계
형식적인 단계
장식 단계
조작 단계

분석하기
행동하기
인식하기
책임지기

이디어를 토대로 주간 서클 의제를 작성한다.

가르시아는 일부 학급의 학생들이 서클에서 거의 말을 하지 않거나 주의를 기울이지 않지만, 자발적으로 서클 진행을 도울 때 서클 참여도가 높다는 것을 알아차린다. 이런 알아차림은 그녀가 나선형 틀로 세대 간 파트너십을 강화하는 방법에 대해 성찰하도록 자극한다.

알아타리기

가르시아는 자신이 서클을 어떻게 디자인하고 진행했는지를 나선형 이론을 보며 성찰한다. '내가 학생들 그리고 4학년 교사들과 어떻게 협력해 왔던 거지?' 그녀는 첫 번째 알아차리기 단계에서, 자신의 서클이 '학생이 컨설팅을 받는 단계'에 있음을 확인하고, 나선형을 따라 '학생과 교사가 공평한 단계'로 이동할 수 있을지 숙고한다.

그녀는 질문을 던진다. '내 정체성이 내가 생각하고, 행동하고, 다른 사람과 관계 맺는 방식에 어떤 영향을 미치는가? 나는 학교 커뮤니티의 구성원들과 함께 작업할 때 이런 범주에 들어가는 과정을 어떻게 탐색하는가?'

대다수 교사가 백인 여성이고 베테랑 교사와 초임 교사가 섞인 학교에서 가르시아는 피부색이 밝은 젊은 라틴계 여성으로서 자신의 위치성을 성찰한다. 학생들은 대부분 라틴계 노동 계급 배경 출신이고, 영어 보충 학습자가 상당수 있다.

그녀는 스스로 질문한다. '교실에서 누가 권력을 쥐고 있는지에 대해 나는 무엇을 알고 있는가? 누구에게 가치가 부여되는가?' 많은 교사가 위계적으로 교실을 운영하고, 가정통신문은 스페인어로 번역되지 않는다. 벽에 붙은 포스터 속 인물이 유색인종인 학급은 단 한 곳뿐이다. 가르시아는 학교 캠퍼스에 처음 들어온 후 계속 '회복적 정의 나부랭이'에 대한 웅성거림을 들었고 자신의 역할에 대해 방어적이다.

분석하기

가르시아는 직원들 사이에서 자신이 어떻게 보일지에 대한 집착이 청소년이 서클을 주도할 수 있는 시스템을 만드는 데 방해가 되었음을 깨닫는다. '이런 집착은 어디에서 비롯되는가?' 그녀는 평생 백인 교사, 교수, 고용주에게 자신을 증명하려고 노력해 왔다는 사실을 깨닫고 불편해진다. 또한, 백인 라틴계로서 그녀는 피부색이 더 어두운 학생들에 대해 내면화된 인종 차별이 있는지 궁금해한다. 그녀가 자신과 서클을 함께 진행할 수 있는 학생들의 능력을 과소평가하고 있는 것일까?

이 상황에서 가르시아는 단순히 성인이라는 이유만으로 서클에서 권력을 쥐고 있으며, 그녀의 꼰대주의가 어린 학생들이 서클을 진행하는 것을 막고 있다는 것을 이해한다. 경력 많은 교사가 자신을 단지 젊다는 이유로 능력을 무시하면서 보여주는 꼰대주의를 그녀도 따라하고 있었던 것이다. '내 관점 이외에 어떤 관점을 고려해야 하는가?' 가르시아가 성찰하고 깨달은 내용은 다음과 같다.

- 학생들이 서클에 대해 어떻게 생각하는지, 학교와 지역

사회에서의 경험을 알고 싶다.

- 학생들이 자신의 생각과 정체성이 가치 있다고 느끼는지
  를 성찰한다.
- 서클을 계획하면서 학생의 의견을 묻거나 참여를 요청한
  적이 없다는 것을 깨닫는다.
- 왜 항상 자신이 이끌어야 한다고 생각하는지, 자신이 학
  생을 진정으로 신뢰하는지 성찰한다.

행동하기

가르시아는 자신에게 묻는다. '행동을 취해야 할 사람이 바로 나
인가?' 반-꼰대주의자가 되기 위해서는 학생들과 협력해서 서클을
개선하는 방법을 알아내야 한다고 결정한다.

'다른 사람들이 행동을 취하도록 나는 어떻게 지원할 수 있는가?'
그녀는 자신이 서클을 진행할 때와 학생들이 서클 공동 진행에 자
원할 때 어떤 차이가 있는지를 학생들에게 물어보기 위한 서클을 계
획한다. 그런 다음 이렇게 성찰한다. '나는 성인으로서 학생들을 지
원하기 위해 자원을 어떻게 활용할 수 있는가?' 가르시아는 교사들
에게 학생 자원봉사자를 수업 중 별도 공간에서 서클 계획과 진행
과정을 코칭해도 되는지 묻는다. 그런 다음 교장에게 이러한 코칭
과정을 위해 일주일에 한 번 45분 복도 근무로 대체할 수 있는지 묻

는다.

그녀는 학생들과 정기적으로 만나기 시작하고 서클을 진행하도록 지원한다. 서로 관계가 구축되면서 학생들은 자신의 가족과 문화, 지역 사회에 대해 공유한다. 그들은 가족과 가정 문화에 대한 일련의 서클 활동을 하기로 결정한다.

책임지기

가르시아는 반-꼰대주의자가 되려는 자신의 시도가 진행형이라는 것을 인식하고 자신에게 질문한다. '청소년과 함께 일하는 성인으로서 나 자신의 특권과 권력을 자각하기 위해 어떻게 의도적으로 계속 노력할 것인가?' 특히 그녀는 스페인어가 모국어인 가족들과 함께 일하면서, 영어를 구사하는 교육자로서의 특권에 대해 염려가 되었다.

학생들과 가르시아는 가족 서클의 밤으로 서클 주제를 정했다. 부모, 보호자와 형제 자매를 초대해 서클을 배우고, 가족을 위한 교육에서 중요하게 생각하는 것이 무엇인지 이야기하도록 구성했다.

가르시아는 이렇게 성찰한다. '어떻게 하면 나 자신과 다른 사람들을 책임지면서, 나 자신의 취약성, 진정성, 정직함을 사랑스럽게 지켜볼 수 있을까?' 그녀는 나선형에서 배운 내용을 직원 및 행정팀과 소통하고 서클을 진행한 학생들이 또래들의 참여도를 높였다는 것을 배운다. 가르시아는 학생들이 학교 전체에서 서클을 공동 진행할 것을 행정팀에 제안한다.

그녀는 학생을 공동 트레이너로 삼아 행정팀, 교사, 학부모 및 기타 학생들에게 서클 진행 방법을 배우도록 초대한다.

학생과 교사가 공평한 단계에서 해방의 단계까지

사다리와 마찬가지로 나선형에도 분명히 한계가 있지만, 우리는 이 틀을 학교 회복적 정의 활동에서 세대 간 파트너십과 해방적 교육 작업을 강화하는 도구로 제공하고자 한다.

다시 말하자면, 나선형의 궁극적인 목적은 해방을 향해 나아가는 것이다. 이것은 삶의 모든 단계에 있는 공동체 각 구성원의 경험과 지식을 소중하게 여기고, 구조적 불의를 종식하려는 더 큰 목표를 향해 공동체 구성원이 그리는 세상을 위해 어깨를 나란히 하고 함께 일하는 것을 의미한다.

회복적 정의는 정체성이나 역할에 따라 사람의 가치를 구분하지 않는 사회를 목표로 한다. 해방이 결코 결실을 맺지 못할 수도 있을 것이다. 해방은 애매하고 미묘하지만 현재 진행 중인 목표다. 해방은 청소년과 성인이 공정하고 공평한 학교를 위해 싸울 수 있는 원동력이다.

11장

해방을 위한 세대 상호 간 파트너십: 행동에 대한 요청

사회개혁 및 혁명의 요구가 분출하는 시기에 청소년들은 '서클과 주먹을 들고' 새로운 형태의 리더십을 발휘하고 있다. 기존의 권력 문화를 바꾸면서, 불의를 명명하고 변화를 요구하고 있다.

지금은 청소년과 성인이 함께 공동체적 운동을 만들 기회이다. 교육을 재구상하기 위해 일하는 지역 사회의 모든 구성원의 지혜를 존중하고 힘을 공유할 때다.

우리는 코로나 대유행 기간에 이 책을 썼는데, 이 시기에 사람들은 사회정의를 위해 전례없이 경계를 넘나들며 교류했다. 인종을 초월해 사람들이 '흑인의 삶은 중요하다'Black Lives Matter 운동을 지지하고, 이민자와 트랜스젠더 권리를 옹호하고 기후 변화에 대한 행동을 요구하기 위해 마스크를 착용하고 모였다.

코로나 대유행 기간에 불평등이 노출되고 심화되었으며, 사회운동은 가상 공간에까지 확장되었다. 회복적 정의 실무자들은 서로 지원할 수 있는 공간을 창조했다. 청소년은 기술로 어른들을 도왔고, 학교는 임대 공간을 제공했으며 세대 상호 간 팀은 건강과 학교 문제를 다루는 온라인 포럼을 조직했다. 수십만 명이 전염병으로 사망하고, 생계를 잃고, 흑인이 경찰의 손에 계속 죽어가는 시기에, 전국의 청소년과 교사는 서로를 붙들고 지원하기 위해 온라인으로 서클을 개최하여 회복력을 키웠다.

청소년들은 전통적으로 성인이 지배하는 공간에 침투했다. 그들은 회복적 정의 모임에서 체계적인 변화를 위한 공동체의 중요성에 대한 기조연설을 했으며, 이사회 회의에서 학교에 있는 경찰의 철수를 요구하는 연설을 했다.

이러한 변화의 시기에 사회적 행동을 멈추지 않기 위해 우리는 독자들에게 학교에서 권력을 어떻게 분배할 수 있는지 새롭게 상상해 볼 것을 제안한다. 정의와 평등을 지향하며 세대를 걸쳐서 일하는 회복적 정의 실천가들을 위해 세 도시의 청소년들과 다음과 같이 공동으로 제안사항을 만들었다.

• 자신, 학생, 지역 사회의 문화, 원래 그 땅에 거주했던 사람들의 전통을 포함하여 모든 문화와 토착 전통을 존중한다.

당신이 사는 땅에 원래 거주했던 선주민에 대해 알아본다. 선주민 문화 존중을 염두에 두고, 1차 피해원주민 대량 학살의 결과를 여전히 떠안은 채 살고 있는 공동체를 지원하기 위해 어떤 역할을 할 수 있는지 알아본다.55) 자신의 문화적 전통을 연구하고 공유하며, 서클에서 다른 사람들이 그들의 전통을 공유하고 통합하도록 지원한다.

• 청소년이 자신의 삶과 지역 사회에 영향을 미치는 모든 결정에서 파트너가 되도록 요구한다.

청소년이 자신을 대표하고 삶에 영향을 미치는 결정을 내릴 수 있도록 권력을 이동시키는 것은 우리 모두의 책임이다. 회복적 정의 활동을 하는 성인 또는 청소년으로서, 회복적 정의에 대해 발언하거나 정책을 수립하도록 초대받은 모든 공간에 청소년이 힘을 갖고 참석할 수 있다는 것을 알린다.

• 청소년은 자신과 내면의 지혜를 신뢰하고, 성인은 청소년을 신뢰하고, 회복적 정의 파트너십을 통해 진화하는 활동 방식에 열린 마음으로 임한다.

청소년이 회복적 정의 원칙과 절차를 그들이 이끌고 통치하는 방식에 통합할 수 있도록 지원한다. 그들의 아이디어를 인정하고 통합하며, 협력하여 성인이 지배하는 공간을 변화시

---

55) Valandra, Edward Charles, and Robert Yazzie. Colorizing Restorative Justice: Voicing Our Realities. St. Paul, MN: Living Justice Press, 2020.

킨다.

• 다양한 공간에서 회복적 정의 적용과 통합을 확대함으로써 다면
적인 회복적 정의 운동에 기여한다.

학교 시스템을 변화시키고 청소년 참여를 늘리기 위해 일하
는 사람들과 동맹 및 파트너십을 구축한다. 리더십, 학업 성
취도, 대학과 직업 준비를 위한 프로그램 등 회복적 정의의 원
칙을 커리큘럼과 연동하여 민족학 연구, 반인종차별주의 교
육, 학교와 조직에 비판적 교육학을 통합한다.

• 서클 안팎의 공간에서 회복적 정의는 실천이자 존재 방식이라는
이해를 깊게 한다.

치유, 형평성, 잊혀진 역사, 1차 피해인 선주민 대량 학살, 동
산動産 노예 제도56) 2차 피해의 의미에 대해 서클에서 용감하
게 대화한다. 서클을 가족, 사랑하는 사람 및 지역 사회 구성
원과 함께 하는 삶의 영역으로 들여온다. 친밀한 사람들과 그
룹을 형성하여 자신의 인종 정체성이 어떤 특권이나 불이익을
주는지 토론하고, 삶에서 공평성을 추구하기 위해변화를 만

---

56) 역주: Chattel 노예 제도는 노예가 소유자의 재산으로 취급되는 특정 형태의 예속
이다. 소유자는 노예를 다른 재산과 마찬가지로 자유롭게 판매, 거래 또는 취급할
수 있으며 노예의 자녀는 종종 주인의 재산으로 유지되었다.

드는 방법을 서클에서 이야기한다.

- **학교에서 회복적 정의 활동에 청소년이 지속적으로 참여할 수 있도록 자금과 자원 지원에 대해 적극적으로 표현한다.**

  의미 있는 청소년 참여를 지원하는 인프라와 학교와 학군 문화에 내재된 회복적 정의 리더십 파이프라인을 구축한다. 청소년과 연장자들이 시간과 노동의 대가를 받도록 지원한다. 청소년과 성인 회복적 정의 실무자 모두를 참여시켜 자금 제공자와의 관계를 구축하고 자금 흐름을 변화시킨다.

- **지속적인 치유와 축하, 꿈꾸기를 위한 시간과 공간을 만든다.**

  회복적 정의가 자아와 공동체, 지구 행성의 전 우주적 평안의 토대가 되도록 한다. 음식, 예술, 게임, 음악, 움직임과 야외 활동을 통합하는 치유 중심의 공간을 만든다. 회복적 정의의 세대 간 파트너십이 어떻게 성장할 수 있는지에 대해 다른 사람과 함께 성찰하고 꿈을 꾼다. 기쁨과 웃음에 기대어 놀이를 즐긴다.

- **회복적 정의 운동은 '평생'의 작업이며, 행동이 필요하다는 것을**

인식한다.

해방을 위한 일은 끊임없이 해나가야 하는 작업이며, 나선형 틀은 회복적 정의 공동체로서 우리가 계속해서 실천-프락시스에 참여할 수 있는 한 가지 방법이다. 청소년과 교사가 함께 행동할 때 정의롭고 공평한 학교가 어떤 모습일 수 있는지 함께 꿈꿔보자고 호소한다.

해방의 꿈

첫 번째 회복적 정의 연말 행사가 기억납니다. 토킹 피스가 테이블 위에 있었고, '꿈'이라는 단어가 눈에 띄었습니다. 저는 꿈을 좇는 것에 대해 생각했습니다. "나는 운동선수처럼 꿈을 좇는다."라는 노래 가사가 있습니다. 운동선수는 꿈을 이루기 위해 끊임없이 열심히 연습하고 도전합니다. 당신이 무언가에 도달할 수 있는 직선 경로는 없습니다. 꿈에 대해 생각하면 더 큰 그림을 생각하게 됩니다.… 저는 필요할 때를 대비해 항상 그 토킹 피스를 배낭에 넣고 다니며 꿈을 기억합니다.

— 사만다 팔, 오클랜드 회복적 정의 활동 리더

회복적 정의는 교육에서 군림하는 권력으로 나타나는 지배적인 패러다임을 함께 하는 힘으로 전환해 가기 위해, 경청하며 과거와 현재를 연결하고 피해를 치유하며 서로의 기여를 소중히 여긴다. 이를 위해서는 사만다처럼 꿈을 꾸는 것이 가장 중요하다.

"운동선수처럼 꿈을 좇는 것"은 지속적으로 근육을 만들어가는 작업이다. 운동선수는 목표에 도달하기 전에 목표를 시각화하고, 훈련하고 연습한다. 그들은 자신의 몸에 귀를 기울이는 법을 배우면서 도전해 나간다.

사만다는 춤을 춘다. 무용수는 운동선수이며, 서클 진행자들이 하는 것처럼 이야기를 듣고 지지하며, 이야기를 할 수 있는 근육을 만든다. 많은 공동체가 식민지화로 강탈당한 춤과 언어를 되찾는 꿈을 꾸는 근육을 키우고 있다. 사만다가 속한 공동체의 어른들은 크메르 루즈에 의한 캄보디아 대학살의 결과로, "전통이 박탈당하고 생존을 위해 자신들이 누구인지 숨겨야만 했다."고 설명했다. 서클과 고전 크메르 로밤[57]을 통해 사만다는 자신의 문화와 정체성을 되찾고 있다. 그녀는 손가락 끝으로 움직일 때마다 공간을 변형시킨다. 사만다는 이렇게 말한다.

가사를 항상 이해하지는 못했습니다. 하지만 춤을 추고 있을

---

57) 역주: 원래 왕궁의 수행원들이 공연하고 유지했던 크메르 고전 무용으로서 20세기 중반에 일반 대중에게 소개되어 캄보디아 문화의 상징으로 널리 알려졌으며 종종 공개행사, 휴일 및 캄보디아를 방문하는 관광객을 위해 공연된다.

때는 모든 것이 이해가 되었습니다. 저는 아름다움을 찾기 시작했습니다. 이제 춤이 왜 스토리텔링인지 알 수 있습니다.

회복적 정의 실천가들은 정의와 기쁨이 함께 춤 추는 꿈을 꾸어야 한다. 그래야 공평한 학교를 위한 운동에서 개인과 공동체가 행복을 잃지 않는다. 세대 간 파트너십을 맺은 청소년과 성인에게는 과거, 현재, 미래를 품고, 미래를 꿈꾸는 영광과 책임이 있다.

몬태나주 크로우 네이션Crow Nation 출신의 힙합 예술가인 수파만Supaman은 춤이 우리를 치유하고 긍정하며 마침내 해방시킨다는 것을 가르쳐준다.

모두가 보고 있는 것처럼 춤을 추세요. 당신의 아이들, 당신의 조상, 당신의 가족이 보는 것처럼 춤을 추세요. 상처 입은 사람들, 춤을 출 수 없는 사람들, 사랑하는 사람을 잃은 사람들, 전 세계에서 불의를 견디고 있는 사람들을 위해 춤을 추세요. 모든 발걸음이 인류를 위한 기도가 되기를!58)

---

58) G, About Paul. "Let Us Dance!"—New Supaman Video—July 22, 2016. https://www.powwows.com/let-us-dance-new-supaman-video/

감사 인사

우리는 이 운동에서 우리보다 먼저 온 모든 사람들, 계속해서 우리를 가르치고 인도하는 모든 사람들, 그리고 우리 뒤에 오는 모든 사람들에게 감사를 표합니다.

우리는 토마스 니쿤디웨와 엘리자베스 베티타 마르티네즈의 모범에 대해 특별한 감사를 표합니다. 두 분 모두 한 세대가 해방을 위해 계속 일하도록 영향을 준 세대 간 조직화 작업의 진정한 모범이 되어주셨습니다.

편집자 바브 토우즈의 지원과 지도에 감사드리며, 예술적 재능을 공유해 준 라 보뎬, 어거스틴 베이스 바라자즈아마랄, 스테파니 슬래터에게 고맙습니다.

아니타(Anita)

지금의 파키스탄에 있는 이름 없는 마을의 제 조상들에게 감사드립니다. 자기 증오에서 자기 사랑으로 가는 여정에서 저에게 생명을 주시고 신체적, 정신적, 정서적 존재를 지탱해 주신 바린더와 다산에게 감사드립니다.

청소년을 위한 회복적 자치 운동에 함께 해 준 동지들에게 감사드립니다. 우도로 에크핀 게이트우드, 자비에르 차베스, 레슬리 럭스, 엔젤 라구나스, 베아트리스 마카레노 로드리게스, 에스메랄다 로샤, 악셀 발타자르, 저메인 윌리엄스, 카산드라 아빌레스, 얀시 엘게자발, 그리고 예스 프렙 노스브룩 고등학교Yes Prep Northbrook High와 아카데미 오브 초이스Academy of Choice에서 내가 함께 일할 수 있는 영광을 누린 청소년들 모두에게 감사드립니다.

아주 오래 전에 해방에 대해 가르쳐 준 토마스 니쿤디웨에게 감사드립니다. 세상이 당신을 그리워합니다. 내 딸들에게 모범적인 엄마란 어떤 모습인지 보여준 데브에게 감사합니다. 회복적 정의를 실천하는 데 있어 저의 안내자가 되어주신 수하니와 나야에게 고맙습니다. 저의 남편 세스에게 고맙습니다. 세스는 저를 참아주고 조건없는 사랑과 지속적인 취약성이 어떤 것인지 보여줬습니다.

에블린(Evelín)

끝없는 사랑과 지원을 해준 조상들, 가족, 친구들에게 깊은 감사를 드립니다.

영감과 모범적인 삶의 태도와 지혜를 보여주신 나의 할머니 세페리나 펠리치아노와 나의 어머니 후아나를 존경합니다. 살아있는 천사인 나의 아버지 후안 아키노! 당신은 내게 평화, 사랑, 창조성 및 목적이 인도하는 삶을 살도록 깊이 연결해 주시고 조건 없이 인도해 주셨습니다. 영원히 감사드립니다.

내 길을 밝혀주는 사랑하는 아이들 라니와 시엘로에게, 그리고 늘 지지해주는 남편 루에게 감사합니다. 셀리와 나의 형제자매들! 늘 격려해줘서 고맙습니다.

할머니와 할아버지, 그리고 조카 말릭에게도 감사합니다.

나의 멘토인 엘리자베스와 로즈, 로베르타와 자키에게도 감사 말씀 드립니다. 자신의 말과 일치하는 삶을 살아내는 치열한 교육자 공동체에게 감사합니다. 형제 자매들, 제임스, 사파이어, 클라크, JFHTHLC, EFC, 사요, 베스, EBB에게도 감사합니다. 제가 함께 일한 모든 젊은이들이여! 당신들은 저에게 깊은 영감을 줍니다.

고마워요, 페투아와 데스티니. 고마워요, 루크와 로! 팔란테—당신과 함께 걷게 되어 영광입니다! 우리 모두는 굳건합니다.

헤더(Heather)

피로 맺어진 가족과 사랑으로 맺어진 나의 가족, 그리고 나를 계속 키워주는 땅과 지역 사회에 감사합니다. 내 동료 이셀라와 형제 션을 포함하여 나의 조상들에 대한 감사를 잊을 수 없겠지요. 또한 내게 이야기와 무조건적인 사랑을 나눠주신 나의 부모님께 감사 말씀을 드립니다.

이 여정을 지원해 주신 사상가들, 그 길을 가는 사람들, 요리사, 편집자 여러분, 안나, 아담, 베티나, 첸, 켈레아, 사브리나, 스테벤, 타지, 사비, 마이크, 메리께도 감사드립니다.

마에샤 클로티! 당신이 내게 해 준 이 말은 내게 좋은 안내자가 되어 주었어요. "만약 당신이 어떤 문을 열 수 있다면 그 문이 열려있도록 잡고 있어 주세요. 당신의 역할은 통과하는 것이 아닐 수도 있습니다."

초등학교 1학년 학생들과 진정한 커뮤니티를 구축해 주신 카시

와기 선생님께도 감사합니다. 서클 안팎에서 지혜를 주시고 함께 해주신 이차마르 카르모나, 데니스 커티스, 아르놀도 가르시아, 오로라 로페즈에게 깊은 감사를 드립니다.

오클랜드의 회복적 정의 커뮤니티, 오클랜드 교육 통합구, 세대 간 회복적 정의 동료들, 그리고 저와 함께 배울 수 있는 영광을 누렸던 모든 청소년들과 이 책을 만드는 데 기여한 사람들에게 감사드립니다.

추천도서

Fletcher, Adam F. C. *Student Voice Revolution*: *The Meaningful Student Involvement Handbook*. Olympia, WA: CommonAction Publishing, 2017.

Ginwright, Shawn, and Julio Cammarota. "New Terrain in Youth Development: The Promise of Social Justice Approach." *Social Justice*, 29(4), 2002.

Lewis, Ted, and Carl Stauffer. *Listening to the Movement*: *Essays on New Growth and New Challenges in Restorative Justice*. Eugene, OR: Cascade Books, 2021.

Love, Bettina L. *We Want to Do More Than Survive*: *Abolitionist Teaching and the Pursuit of Educational Freedom United States*: Beacon Press, 2019.

Manchester, Heather Bligh. "Youth Participation in Peacebuilding: Moving from Subjects to Partners." *Master of Arts in Peace & Conflict Studies*, University of Ulster, Magee Campus, 2010.

Pointer, Lindsey, Haley Farrar, and Kathleen McGoey. *The Little Book of Restorative Teaching Tools*: *Games*, *Activities*, *and Simulations for Integrating Restorative Justice Practices*. Intercourse, PA: Good Books, 2020.

Saad, Layla. *Me and White Supremacy*: *How to Recognise Your Privilege*, *Combat Racism and Change the World*. King of

Prussia, PA: Quercus, 2020.

Shalaby, Carla. *Troublemakers: Lessons in Freedom From Young Children at School*. New York: The New Press, 2017.

Valandra, Edward (ed.), *Colorizing Restorative Justice: Voicing Our Realities*. St. Paul, MN: Living Justice Press, 2020.

Wadhwa, Anita. *Restorative Justice in Urban Schools: Disrupting the School-to-Prison Pipeline*. New York: Routledge, 2015.

추천 자료

- https://abolitionistteachingnetwork.org
- https://www.edliberation.org
- https://www.learningforjustice.org
- https://rethinkingschools.org
- https://www.zinnedproject.org
- https://courageousconversation.com
- https://www.raceforward.org
- http://yparhub.berkeley.edu

옮긴이 글

학교는 공동체인가?

우리 교육은 서로를 존중하는 인간됨을 향하고 있는가?

　학교와 교육의 역할과 의미에 새롭게 물음표를 던진 사람들은 '회복적 생활교육'을 시작했다. 공동체를 세우고 갈등을 공감 대화로 다루며 학생의 자율과 책임을 회복하기 위한 노력을 10년 이상 지속해 왔다. 그러나 코로나는 '생존을 위한 물리적 거리 두기'를 우선순위로 불러왔고 회복적 정의의 가치는 주춤하는 듯 보였다. 코로나 이후 학교는 두 유형으로 변화를 겪고 있다. 회복적 정의를 지향하기 전의 모습으로 퇴보하거나 어정쩡했던 회복적 정의를 제대로 살아내기 위해 성찰하거나.

　코로나 시기 학생을 자리에 붙들어 두기 위한 수단으로 많은 학교가 핸드폰을 허용했다. 핸드폰은 유용하다. 그러나 대가는 참 크다. 교사는 핸드폰을 손에 쥔 학생들과 교육 활동을 진행해야 하는 어려움을 겪고 있다. 더 큰 어려움은 아이들의 내면이 어느 때보다 고통을 겪고 있다는 점이다. 삶의 주도성을 잃고, 관계를 맺는 언어를 잃어 공동체성이 희미해졌으며 삶의 의미와 가치 탐색에 실패하고 있다.

그러나 다행스럽게도 청소년의 뇌는 공사 중이다. 과정 중이고 유연하며 조금만 변화를 주어도 근사하고 건강한 뇌로 리모델링 될 것이라는 이야기이다. 학교는 언제든 다시 시작할 수 있어야 한다. 그리고 언제든 기회를 만들어 낼 수 있어야 한다. 이것은 홀로는 어렵다. 교육부, 교육청, 지역사회, 최소 학교 차원의 시스템적 접근이 있어야 한다.

초기 우리나라 회복적 정의는 교사, 학생, 학부모를 대상으로 진행되었다. 기존 교육문화를 거스르는 것이었기에, 이상적으로 보였기에, 현실에서 풀어가려면 설명하고 안내하고 설득하는 과정이 필요했다. 구체적인 활동을 매개로 하지만 의도와 가치와 프로세스를 펼쳐내며 가르쳐야 했다. 그 결과 곳곳에서 학생자치의 변화가 있었다. 생활규약을 함께 정하고 학교 관리자, 지역사회와 함께 논의하는 의사결정 문화가 자리 잡기 시작했다. 서클에 앉은 모두에게 발언권이 주어졌으며 소수의 의견도 경청의 대상이 되었다. 이런 학교는 대부분 교사 문화도 대변혁을 겪었다. 관리자가 힘을 나누면서 역할 중심으로 수평적 구조를 이루었고 누구의 제안이든 중요하게 다루어졌다. 학교폭력에도 대화모임의 여지가 생겼으며 일부 교육청은 갈등을 회복적으로 다루기 위해 전문 단체들과 협력하며 애쓰고 있다.

회복적 정의는 분명 우리 교육 변화에 큰 전환점을 만들어 주었다. 학력주의와 경쟁주의, 차별과 혐오, 폭력이 일상인 의사소통구조, 당위로 도덕적 판단을 하고 이기적 태도로 비난을 서슴지 않는 불안 심리 속에서도 꾸준하게 변화를 일구어내고 있다. 그러나 우리 교육이 애쓰고 있는 회복적 정의의 종착점이 여기일까? 이제 확장과 구체화만 남은 것일까?

이 책은 그 물음에 하나의 길을 제시한다. 이제는 학생을 대상으로 하는 애씀에서 한 단계 더 나아가 '학생과 함께 하는 회복적 정의'로 나아가라고 한다. 사다리 이론과 순환 틀을 통해 성인 중심의 회복적 정의 활동을 점검하라고 한다. 그리고 학생을 동등한 진행자이자 동료가 될 수 있도록 지원하라고 한다. 해방 틀에서는 그것들마저도 한계가 있으니 그것을 뛰어넘어 '학생과 함께 하는 평등과 해방'을 향해 나아가라고 한다. 여전히 반복적인 억압 사회에서 해방되어 인간을 자유롭게 하는 정의로운 세상을 이루어가라고 한다.

끝으로 회복적 정의 실천가로서 들려주는 청소년들의 생생한 목소리가 우리에게도 희망을 줄 것이다. 왜냐하면 자신과 학교와 세상의 회복을 일상에서 살아내는 우리나라 청소년들의 증언도 이어질 것이기 때문이다.

회복적 학교에 대한 관심을 멈추고 있지 않다는 이유만으로 번역 작업에 초대해 준 안은경 선생님, 이선영 선생님께 감사드린다. 두 분의 초대로 진행된 이 배움이 청소년과 함께 하는 학교, 교회, 지역사회 곳곳에서 우리를 조금 더 해방하게 하는 실천프락시스으로 이어지길 기도한다.

역자를 대표하여
경기도 공립학교 교사 김은영